Chega de desculpas

RACHEL HOLLIS

Chega de desculpas

SEXTANTE

Título original: *Girl, stop apologizing*
Copyright © 2019 por Rachel Hollis
Copyright da tradução © 2022 por GMT Editores Ltda.

Publicado mediante acordo com Thomas Nelson, uma divisão da Harper Collins Christian Publishing, Inc.

Todos os direitos reservados. Nenhuma parte deste livro pode ser utilizada ou reproduzida sob quaisquer meios existentes sem autorização por escrito dos editores.

tradução: Débora Chaves
preparo de originais: BR75 | Silvia Rebello
revisão: Ana Grillo, Midori Hatai e Priscila Cerqueira
diagramação: Valéria Teixeira
ilustrações de miolo: Annie Ludes
capa: Filipa Pinto
impressão e acabamento: Associação Religiosa Imprensa da Fé

CIP-BRASIL. CATALOGAÇÃO NA PUBLICAÇÃO
SINDICATO NACIONAL DOS EDITORES DE LIVROS, RJ

H686c

    Hollis, Rachel
        Chega de desculpas / Rachel Hollis ; tradução Débora Chaves. - 1. ed. - Rio de Janeiro : Sextante, 2022.
        256 p. ; 21 cm.

    Tradução de: Girl, stop apologizing
    ISBN 978-65-5564-349-7

    1. Mulheres - Psicologia. 2. Autoconfiança. 3. Autoestima em mulheres. 4. Mudança (Psicologia). I. Chaves, Débora. II. Título.

22-76209   CDD: 158.1082
                                 CDU: 159.923.2-055.2

Meri Gleice Rodrigues de Souza - Bibliotecária - CRB-7/6439

Todos os direitos reservados, no Brasil, por
GMT Editores Ltda.
Rua Voluntários da Pátria, 45 – Gr. 1.404 – Botafogo
22270-000 – Rio de Janeiro – RJ
Tel.: (21) 2538-4100 – Fax: (21) 2286-9244
E-mail: atendimento@sextante.com.br
www.sextante.com.br

Para minha filha, Noah. Que você viva sua vida celebrando a pessoa que Deus a criou para ser.

SUMÁRIO

Introdução: E se...   9

PARTE I: DESCULPAS PARA DEIXAR PRA LÁ   25

DESCULPA 1: Não é isso que as outras mulheres fazem   27

DESCULPA 2: Não sou uma pessoa movida a metas   41

DESCULPA 3: Não tenho tempo   45

DESCULPA 4: Não sou boa o suficiente para ser bem-sucedida   55

DESCULPA 5: Não posso tentar realizar meu sonho e ao mesmo tempo ser uma boa mãe/filha/profissional   69

DESCULPA 6: Tenho pavor de fracassar   81

DESCULPA 7: Isso já foi feito antes   89

DESCULPA 8: O que as pessoas vão pensar?   97

DESCULPA 9: Garotas boazinhas não são ambiciosas   107

PARTE II: COMPORTAMENTOS PARA VOCÊ ADOTAR   117

COMPORTAMENTO 1: Pare de pedir permissão   119

COMPORTAMENTO 2: Escolha um sonho e vá com tudo   127

COMPORTAMENTO 3: Aceite sua ambição — 141
COMPORTAMENTO 4: Peça ajuda! — 145
COMPORTAMENTO 5: Construa as bases para o sucesso — 155
COMPORTAMENTO 6: Não deixe que te convençam a desistir — 173
COMPORTAMENTO 7: Aprenda a dizer não — 181

PARTE III: HABILIDADES PARA VOCÊ DESENVOLVER — 187

HABILIDADE 1: Planejamento — 189
HABILIDADE 2: Confiança — 203
HABILIDADE 3: Persistência — 219
HABILIDADE 4: Eficiência — 225
HABILIDADE 5: Positividade — 235
HABILIDADE 6: Liderança — 239

Conclusão: Acredite em você! — 245

Agradecimentos — 249
Notas — 252

INTRODUÇÃO
E se...

Quando comecei a escrever este livro, pensei inicialmente em chamá-lo de *Desculpe, não vou me desculpar*. Sim, tirei esse título de uma música da Demi Lovato, "Sorry Not Sorry". Na verdade, pode-se dizer que a canção foi o grande estímulo para que eu escrevesse este livro.

Foi em meados de 2017 que a ouvi pela primeira vez. Era manhã de segunda-feira e fazia sol. Como em todas as segundas, minha equipe estava dançando entusiasmada ao redor da mesa de reuniões, preparando-se para o início de mais uma semana de trabalho. E estava sol porque era verão em Los Angeles – o IPTU exorbitante garante que a temperatura nunca fique abaixo de aprazíveis 22 graus.

Sempre dançamos antes de reuniões importantes porque isso faz a nossa energia circular e nos deixa no estado de espírito ideal. Toda semana fazemos um rodízio entre a equipe para ver quem assume o papel de DJ e escolhe nossa música motivacional. Naquele verão, todo mundo (menos eu) tinha menos de 28 anos, então esse momento era sempre uma surpresa – você nunca sabia o que ia escutar. Naquela segunda-feira em especial, ouvi essa música pela primeira vez.

Foi amor à primeira audição. Se você não conhece essa canção, precisa incluí-la imediatamente em sua *playlist* para malhar. Ela é animada, divertida, irreverente e desafiadora – exatamente o tipo de inspiração de que você precisa antes de uma sessão puxada de aeróbica ou de uma faxina em casa.

Na letra, Demi avisa que está ótima, se sentindo bem e vivendo da maneira que deseja. E que lamenta, mas não vai se desculpar por isso. Adoro esse tipo de música. É pop e contagiante e se encaixa perfeitamente no arsenal de músicas que uso para ganhar energia ou melhorar o meu humor.

Depois dessa primeira experiência, logo me apaixonei pela música. Ouvia no chuveiro, na academia, no carro – cheguei ao ponto de tocar a versão do Kidz Bop quando meus filhos estavam por perto, só para poder continuar ouvindo. Isso é que é paixão, gente! Qualquer pessoa que já tenha sido obrigada a escutar Kidz Bop pode atestar que é o sétimo círculo do inferno da maternidade, mas isso demonstra quanto eu adorava essa música. De tanto ouvi-la, um dia me dei conta de que não precisava me desculpar por quem eu sou.

Veja bem, Demi não pede desculpas por viver da maneira que acha melhor. Ela não pede desculpas por estar ótima, por se sentir bem, por provocar ciúmes no ex-namorado ou por tomar um banho de espuma na sua Jacuzzi em plena sala de estar – considerando que o videoclipe da música mostre a realidade. Mas e eu? Quais foram as partes da minha vida pelas quais eu me recusei terminantemente a pedir desculpas?

Gostaria de poder dizer que nunca dei a mínima para o que os outros pensam, mas não é verdade – embora eu quisesse muito ser uma inspiração para você agora.

A título de referência, passei a maior parte das últimas férias de Natal doente, de cama, com um resfriado horrível. Usei esse tempo para ler vários romances históricos situados no século 19, com duques atormentados dizendo coisas como "Evangeline, não dou a mínima para o que a sociedade pensa!" um pouco antes de beijar a heroína com o ardor de 10 mil sóis. Minha resolução de ano-novo foi começar a usar a expressão "não dar a mínima" no meu discurso diário. Já comecei a colocar isso em prática, e estamos só no dia 2 de janeiro. Maravilha!

Mas, na realidade, como acontece com muitas outras mulheres, ainda estou no processo de superar uma vida inteira tentando agradar às pessoas. Eu me esforço o tempo todo para viver cada momento sem me preocupar com a opinião alheia, mas nem sempre tenho sucesso. Sim, mesmo eu, que vivo de distribuir conselhos, às vezes fico paralisada pelo peso das expectativas dos outros e preciso me acalmar. Mas, acredite, há áreas em que já conquistei controle total. Há segmentos inteiros da minha vida aos quais dediquei um grande esforço para me concentrar nos meus próprios valores e não me preocupar com o que as outras pessoas pensam. O maior exemplo disso? Sonhos grandes e audaciosos. Objetivos grandiosos e que nem sempre agradam aos outros. Ser uma mãe trabalhadora com orgulho em vez de uma mulher oprimida pela culpa materna. Ousar acreditar que posso mudar o mundo ajudando mulheres como você a serem corajosas, orgulhosas e fortes.

Posso até ficar presa nas armadilhas de algum estranho maldoso na internet falando sobre meu cabelo, minha roupa ou meu estilo de escrita, mas não gasto mais um segundo sequer me preocupando com o que os outros pensam a meu respeito por nutrir sonhos grandiosos para mim mesma.

Aceitar que você pode querer coisas para si, ainda que ninguém mais entenda o motivo desse desejo, é o sentimento mais forte e libertador do mundo. Você quer ser professora da terceira série? Maravilhoso! Quer abrir um salão de beleza para cães especializado em tingir os poodles de cor-de-rosa? Ótimo! Quer economizar para tirar férias em um hotel de luxo? Fantástico! Qualquer que seja o sonho, ele é seu, não meu. Você não tem que explicar nada porque, como não está pedindo a aprovação de ninguém, não precisa da permissão de ninguém. Na verdade, quando você entende que não tem que justificar seus sonhos para ninguém, você realmente começa a viver o que está destinada a ser. Não estou dizendo para sair por aí com o dedo médio em riste, como na música da Beyoncé. Não estou dizendo que você deve se tornar rude e esfregar seus objetivos na cara das outras pessoas para defender uma opinião. O que estou dizendo é que você deve se concentrar no seu sonho, trabalhar, se esforçar e parar de se sentir culpada por isso!

Infelizmente, a maioria das pessoas passa a vida inteira sem nunca experimentar isso. As mulheres, em especial, são muito duras consigo mesmas e às vezes desistem dos próprios sonhos antes de tentar realizá-los.

Isso é ridículo.

Existe muito potencial inexplorado dentro de pessoas que têm medo de dar uma chance a si mesmas. Há mulheres com ideias incríveis que mudariam o mundo caso tivessem coragem de colocá-las em prática. Há mulheres que têm tudo para criar uma empresa que transformaria a vida de seus familiares – e de pessoas que seriam influenciadas por esse negócio – se tivessem a audácia de acreditar que seu projeto poderia dar certo. Há mulheres maravilhosas que poderiam inventar o próximo aplicativo de sucesso, escrever o próximo best-seller ou criar produtos de beleza que todas nós adoraríamos, caso acreditassem mais em seus sonhos.

INTRODUÇÃO 13

Um sonho sempre começa com uma pergunta, e a pergunta sempre começa com uma variação de *E se...*

E se eu voltar a estudar?
E se eu tentar fazer isso?
E se eu me obrigar a correr 42 quilômetros?
E se eu me mudar para outra cidade?
E se eu puder mudar o sistema?
E se Deus colocou isso no meu coração por um motivo?
E se eu puder ter uma renda extra?
E se eu escrever um livro para ajudar as pessoas?

Este *E se...?* é o seu potencial batendo à porta do seu coração e implorando que você encontre coragem para superar todo o medo na sua mente. Este *E se...?* está lá por uma razão. Ele é a sua referência. É o sinal que indica a que você deve se dedicar em seguida.

Se toda mulher, ao ouvir esse *E se...?* em seu coração, permitisse que isso alimentasse sua chama interior na busca de quem ela poderia ser, não apenas se chocaria com o que é capaz de fazer, mas também surpreenderia todo mundo. Estou convencida de que, se ela – se a gente – simplesmente vivesse para tentar responder a essa pergunta, o efeito sobre o mundo ao nosso redor seria explosivo.

Dizem que nós usamos apenas 10% de nosso cérebro. Mas você já viu um daqueles filmes em que o protagonista de repente consegue ter acesso aos 100%? Ele toma uma pílula ou é treinado por uma agência governamental secreta e, de repente, pode dobrar metais com o poder da mente e encontrar a solução para a fome no mundo em poucas horas porque está usando todo o seu potencial. Não tenho dúvidas de que muitas mulheres neste nosso mundo são como Peter Parker antes da picada de aranha radioativa – elas usam apenas uma fração de seu potencial porque ainda não encontraram um catalisador suficientemente forte para desbloqueá-lo.

Só uma pequena parte da nossa população é estimulada a acreditar em si mesma e em suas potencialidades desde a infância. Pessoas que tiveram sua autoestima alimentada desde cedo tendem a acreditar mais na sua capacidade quando adultas. Pessoas com mais recursos costumam acreditar mais facilmente na possibilidade de atingirem suas metas. Mas, e se você não foi criada para acreditar em si mesma? E se você não teve privilégios ou recursos fartos? Qual seria a chance de você acreditar que é capaz de muito mais? Qual seria a chance de você se manter fiel ao seu objetivo quando algo desvia seu caminho?

Mas, e se você persistir? E se você realmente acreditar? E se não só você, mas todas as mulheres em todo o mundo tomassem a decisão de substituir as expectativas de outras pessoas pelo que elas próprias imaginam que poderiam ser?

Consegue imaginar o que aconteceria se 25%, 15% ou até mesmo 5% das mulheres no mundo decidissem adotar o *e se*? Consegue imaginar o que aconteceria se elas parassem de permitir que seu potencial seja sabotado pela culpa ou pela vergonha que sentem por não serem de uma determinada maneira? Consegue imaginar o crescimento exponencial que veríamos em tudo, da arte à ciência, da tecnologia à literatura? Consegue imaginar quanto essas mulheres seriam mais alegres e satisfeitas? Consegue imaginar como a família delas seria afetada? E a sociedade? As outras mulheres se sentiriam inspiradas e estimuladas por esse sucesso e o usariam como um catalisador para provocar mudanças em suas próprias vidas. Se esse tipo de revolução ocorresse – a revolução do *e se*? –, mudaríamos o mundo.

Na verdade, acredito *mesmo* que podemos mudar o mundo. Só que, primeiro, temos que parar de viver com medo de sermos julgadas pelo que somos.

Passei os últimos 12 minutos tentando descobrir como amenizar a discussão deste tópico, mas... Sabe de uma coisa? Somos todas adultas aqui, portanto podemos encarar esse debate. Podemos ter conversas francas. Podemos enfrentar a percepção dos outros sobre nossa vida e admitir algumas duras verdades quando se trata do que está nos atrapalhando.

E o fato é: as mulheres têm medo delas mesmas.

Sim, é verdade. Se não estivéssemos com medo de nós mesmas, não passaríamos tanto tempo pedindo desculpas por quem somos, pelo que queremos da vida e pelo tempo que gastamos em busca de ambas as coisas.

Se você é como a maioria das mulheres, sua história é mais ou menos assim: quando veio ao mundo, você era absoluta e essencialmente você. Não foi uma decisão consciente ser quem você era; foi instintiva. Você falava alto? Era quieta? Ansiava por abraços? Sentia-se bem sozinha?

Suas necessidades eram simples, seu foco de atenção era evidente e você nunca pensou em ser de um jeito ou de outro – apenas era. Então, algo mudou. Algo importante aconteceu, algo que definiria o resto de sua vida, mesmo que não soubesse disso na época.

Você aprendeu sobre expectativas.

Lá estava você, com seu adorável jeito de bebê, mas, de repente, isso já não era suficiente. Era esperado que você fizesse coisas: parasse de jogar sua caneca de água no chão, parasse de gritar quando não tivesse um desejo atendido, começasse a usar o banheiro como gente grande, parasse de morder seu irmão.

Duas coisas fundamentais aconteceram no período em que deixamos de ser totalmente aceitas como somos e passamos a atender a alguma expectativa.

A primeira é que aprendemos a viver de acordo com as normas sociais. Isso é uma coisa boa porque, amiga, se você ainda estivesse usando fralda aos 32 anos porque ninguém te ajudou a descobrir o banheiro, isso não seria nada engraçado.

A segunda é que aprendemos maneiras de chamar atenção e, para a criança, atenção é sinônimo de amor. Na verdade, se você nunca amadureceu esta questão, passará a vida inteira acreditando que ter a atenção de alguém significa ser amada. As mídias sociais são uma prova disso.

O que vou dizer agora pode te ajudar a entender todas as pessoas que você conhece e, quem sabe, você mesma também.

Quando você era recém-nascida, precisava de cuidados constantes para continuar viva, mas em algum momento parou de receber tanta atenção porque não precisava mais dela. Só que você ainda gostava da dedicação das outras pessoas (afinal, era um bebê), então sua mente inteligente começou a testar maneiras de obtê-la sob demanda. Algumas crianças recebem atenção por serem carinhosas, por isso aprendem a usar esse recurso. Outras recebem atenção fazendo algo que diverte os pais, então aprendem a entretê-los. Há as que percebem que todos as elogiam quando fazem algo certo, então se tornam realizadoras. Há ainda as que percebem que quando caem e se machucam, ou quando estão doentes, a mamãe lhes dedica mais tempo e cuidados; é assim que nascem os hipocondríacos. Por fim, algumas crianças não conseguem obter atenção não importa o que façam, então esperneiam, gritam e dão ataques. Ser revoltado é melhor do que ser ignorado. Essas tendências nos bebês podem se transformar em hábitos na infância. Hábitos infantis que seguem imutáveis se transformam em comportamentos inconscientes.

Sei que parece que estou generalizando, mas, falando sério, pergunte a si mesma se isso lembra algum adulto que você conhece.

Sabe aquela pessoa que está sempre cheia de problemas, que vive como se o mundo estivesse acabando todos os dias? Isso acontece porque os problemas atraem a atenção que essa pessoa tanto anseia. Conhece alguém super-realizador? Viciado em trabalho? Sempre exigindo mais de si mesmo? É provável que essa pessoa, como eu, atraísse a atenção na infância por suas realizações. Conhece alguma mulher totalmente insegura? Que precisa constantemente de alguém para ajudar a resolver seus problemas ou para aconselhá-la em todas as decisões? Aposto meu último centavo que é porque ela teve uma criação que alimentou essas mentiras ou controlou suas decisões por tanto tempo que ela não se sente segura de sua própria capacidade.

O que eu quero dizer é que aprendemos bem cedo que há coisas que podemos fazer para chamar atenção, e, mesmo que os detalhes de como fazemos isso se transformem e mudem ao longo do tempo, a estratégia que aprendemos a usar para obter atenção quando crianças – sermos divertidas, realizadoras, constantemente doentes, excessivamente irritadas ou em crise permanente – muitas vezes permaneceu intacta e afeta a forma como buscamos atenção quando adultas.

Para mim, era o empreendedorismo que sempre chamava a atenção de meus pais. Isso me ensinou desde cedo que para ser amada eu precisava realizar alguma coisa. Meus pais me amavam? Claro que sim. Só que, para uma criança que entendia a atenção como expressão do amor, a ausência dela provoca o desespero de tentar aprender o que fazer para obtê-la.

Então, vamos recapitular. Você é uma criança e aprende que certos comportamentos atraem atenção. Isso começa a ser incorporado na pessoa que você se tornará. Mas essa não é a única parte dolorosa do que você está aprendendo. É por volta dessa mesma idade que você não só aprende a obter amor, mas também *quem você terá que ser* para continuar recebendo amor.

Você já pensou em quanto de sua vida atual é feita de suas escolhas e quais partes são apenas aquilo que se espera de você? Eu cresci sabendo que iria casar e ter filhos... e cedo. Na minha pequena cidade natal, a maioria das minhas colegas do ensino médio teve o primeiro filho aos 19 anos. Quando meu primeiro filho nasceu, eu era praticamente uma idosa. Eu tinha 24 anos.

Vinte e quatro. Como assim? Olhando para trás, fico com a sensação de que eu era incrivelmente jovem. A ideia de um dos meus filhos ter um bebê aos 24 anos me faz começar a entrar em pânico. Há tanto a viver, tanto a aprender, tantas coisas que você não sabe sobre si mesma nessa idade. Não digo que faria algo diferente em relação ao meu casamento ou sobre quando tive os meus filhos, porque isso significaria que eu não teria os filhos que tenho agora. Mas, quanto mais velha eu fico, mais tenho consciência de que cresci achando que meu valor era medido com base no papel que eu representava para as outras pessoas. Afinal, ser considerada uma boa esposa e uma boa mãe ou filha raramente tem a ver com ser fiel a si mesma.

Ninguém fica parado na saída da igreja dizendo: "Lá vai Fulana. Ela se cuida muito. Deve ser uma boa mãe." Ou: "Nossa, veja só! Ela está treinando para a meia maratona. Está ficando musculosa com tantas horas na academia. Ela deve ser uma ótima esposa!" Se essas conversas estão acontecendo em algum lugar, não é onde eu cresci. Não, onde eu cresci a gente aprende que para ser uma boa mulher você precisa ser boa com as outras pessoas. Se os seus filhos são felizes, então você é uma boa mãe. Se o seu marido é feliz, você é uma boa esposa. E uma boa filha, funcionária, irmã e amiga? Todo o seu valor é ligado à felicidade das outras pessoas. Como alguém pode conviver com isso e ser bem-sucedida na vida? Como é possível sonhar mais alto? Como alguém pode seguir o seu *e se?* quando precisa da aprovação prévia de alguém?

Não admira que muitas mães me enviem mensagens dizendo que se sentem perdidas. É claro que se sentem assim! Se você vive para agradar aos outros, acaba esquecendo o que faz você ser você. E se você ainda não tiver se casado ou se não tiver vontade de ter filhos? Será que sua vida está sendo desperdiçada porque não há ninguém a quem agradar?

Não. É claro que não. Você é um ser com suas próprias expectativas, desejos, objetivos e sonhos. Alguns sonhos são simples ("Quero escrever poesia"), outros, ousados ("Quero abrir uma empresa milionária"), mas todos são seus e são importantes simplesmente porque *você* é importante. Você pode querer mais para si mesma apenas porque isso alegra o seu coração. Você não precisa da permissão de ninguém e com certeza não deve precisar de ninguém para te estimular a chegar lá.

Infelizmente, muitas mulheres têm dificuldade para lidar com o que os outros acham dos seus objetivos pessoais. Então, em vez de tentar realizá-los, deixam seus sonhos morrerem. Ou buscam realizá-los em segredo ou, pior, ficam com a sensação de terem falhado com as pessoas com quem convivem por estarem fazendo algo para si mesmas em vez de para todos os outros. Elas vivem com um sentimento persistente de culpa, vergonha e medo. O *e se?* deixa de ser um resquício de possibilidade em seus corações e torna-se um rosário de recriminações em suas mentes. *E se eu falhar? E se os outros rirem? E se isso irritá-los? E se eu estiver desperdiçando o meu tempo? E se acharem que sou gananciosa? E se eu estiver perdendo todo esse tempo que poderia passar com a minha família por nada?*

Quando estamos nessa situação, o medo toma conta de nossa vida e nos impede de sair do lugar, mesmo que minimamente. Podemos conviver com o medo de fracassar e com o perfeccionismo exagerado. Podemos ter medo porque, se outras pessoas já conquistaram o que estamos almejando, qual o sentido de buscarmos o mesmo? Ou talvez tenhamos medo do constrangimento e do fracasso. Ou lamentemos não sermos suficientemente inteligentes, bonitas, jovens, maduras... São tantas as maneiras de não correspondermos às expectativas! Como mulheres, passamos a vida crendo em mentiras que alimentam nossos medos. Passamos a vida acreditando que nosso valor reside principalmente em nossa capacidade de fazermos as outras pessoas felizes. Temos muitos medos quando se trata de nossos sonhos, mas o maior medo que temos, em geral, é sermos criticadas por sonhar.

Isso é uma grande besteira.

Já estava na hora de alguém lhe dizer isso. Acho essa mentirada uma bobagem na minha vida e sei que na sua também.

Todo início de ano eu escolho qual será o principal tema do meu trabalho. Tento criar uma mensagem para minhas leitoras e para o grupo de mulheres que me acompanha on-line. Quando comecei a escrever este livro, perguntei a mim mesma duas coisas: o que queria dizer a vocês, mulheres, irmãs, filhas e amigas, e o que queria que vocês soubessem. A resposta que surgiu no meu coração foi inspirada pelo *e se*...

Se eu pudesse dizer algo, se eu pudesse fazer você acreditar em algo, gostaria de mostrar que você foi feita para mais. Você nasceu para sonhar com o que tem medo de sonhar. Você nasceu para realizar aquilo que considera não ser capaz de fazer. Você nasceu para ser uma líder. Você nasceu para contribuir. Você nasceu para fazer mudanças positivas tanto na sua comunidade quanto no mundo. Você nasceu para ser mais do que é hoje e – esta é a parte mais importante – sua versão de "mais" pode não se parecer com a minha versão nem com a das outras pessoas.

INTRODUÇÃO 21

Para você, *mais* talvez seja finalmente se inscrever para a corrida de 10 quilômetros. Para outra pessoa, *mais* pode ser uma mudança em seus hábitos alimentares para ter mais saúde. Para uma terceira pessoa, *mais* pode ser uma volta aos estudos. Para uma quarta pessoa, *mais* pode ser o término de um relacionamento tóxico, nocivo e cruel. *Mais* pode ser não retomar (de novo, de novo, de novo) um namoro que só traz infelicidade. *Mais* pode indicar mais gentileza consigo mesma. Talvez *mais* seja ter mais tempo e descanso. Talvez *mais* seja controlar o temperamento e contar até 10 antes de gritar com os filhos. Talvez *mais* seja assumir o controle de suas emoções ou *mais* terapia ou *mais* água ou *mais* fé na sua capacidade de realizações incríveis ou ainda *mais* tempo não se preocupando com o que as pessoas pensam sobre você.

Nascida para mais é o que define você, e seu desejo por mais não é motivo de vergonha! Nosso potencial – o potencial que existe em cada uma de nós – é o dom que recebemos de Deus. O que você faz com esse dom é o presente que você dá ao restante do mundo. O pior cenário que consigo imaginar é você morrer com esse potencial ainda inexplorado dentro de si. Foi por isso que escrevi este livro, originalmente com o título da música de Demi Lovato, como um incentivo, como um guia, como o vento que alimenta as chamas do *e se?* na sua inspiração, para que elas se propaguem com grande intensidade.

Por quê?

Porque o mundo precisa da sua inspiração. O mundo precisa da sua energia. O mundo precisa que você se concentre em si mesma e aproveite o seu potencial! Precisamos das suas ideias. Precisamos do seu amor e do seu cuidado. Precisamos da sua paixão. Precisamos de seus modelos de negócio. Precisamos comemorar os seus sucessos. Precisamos ver você se reerguer depois dos fracassos. Precisamos ver sua coragem. Precisamos ouvir o seu *e se*... Precisamos que você pare de pedir desculpas por ser quem você é e passe a ser a pessoa que está destinada a ser.

———

Passei muito tempo pensando em como estruturar este livro. Ele traz os conselhos mais práticos que já escrevi. Eu queria que fosse uma obra fácil de entender e fácil de aplicar a qualquer tipo de objetivo, então precisava chegar à essência do que me permitiu realizar os meus sonhos. O que finalmente perguntei a mim mesma foi: *quais elementos me ajudaram ou me prejudicaram na busca por objetivos pessoais nos últimos 15 anos?* Afinal, não sou uma especialista e não sei a resposta para as outras pessoas. O que sei é como sair de uma cidadezinha e de uma infância cheia de traumas e virar uma empresária de sucesso que criou uma empresa multimilionária apenas com um diploma do ensino médio embaixo do braço. Sei como deixar de ser uma jovem insegura e hiperansiosa com as percepções dos outros e virar uma mulher confiante e orgulhosa. Sei como deixar de ser uma pessoa que usava a comida como mecanismo de compensação e não conseguia subir uma escada sem perder o fôlego, para virar uma corredora de maratona que se levanta da cama todas as manhãs com disposição para enfrentar o dia. Sei como deixar de ser carente e desesperada em agradar, alguém que sonhava exclusivamente com o amor, e virar uma mulher cheia de amor pelos outros, pelos próprios objetivos e pelo trabalho, sem precisar buscar afeto de formas negativas. Todo esse crescimento começou como metas que estabeleci para mim. Embora eu não soubesse o que estava fazendo quando iniciei esse caminho, hoje vejo as semelhanças entre cada sucesso e cada fracasso que me fizeram chegar aqui.

Como eu disse, não sou nenhuma especialista. Sou apenas sua amiga Rachel e quero contar o que funcionou para mim. Eu tentei um pouco de tudo, mas, em última análise, alcançar metas importantes tanto pessoal quanto profissionalmente se resumiu a estas três atitudes:

1. Abandonar as desculpas que me mantinham paralisada.
2. Adotar hábitos e comportamentos saudáveis que me prepararam para o sucesso.
3. Desenvolver as habilidades necessárias para tornar possível o crescimento exponencial.

Honestamente, eu não tinha autoconsciência para identificar essas etapas enquanto as vivenciava, mas agora consigo olhar para trás e ver que esses foram os principais fatores que levaram às conquistas que obtive ao longo do caminho. Organizei cada parte do livro nessa ordem de maneira intencional.

Comecei com **desculpas para deixar pra lá**, porque, se você não reconhecer o que te limita neste momento, nunca será capaz de superar tais obstáculos. Você perceberá que a seção de desculpas é a maior neste livro. Não é por acaso. Os hábitos e as habilidades que necessitamos adquirir são simples, mas a ladainha de desculpas que se interpõe entre onde estamos e para onde queremos ir é maior e mais impressionante do que a segunda parte do musical *Hamilton*. Depois que você analisar as desculpas e as reconhecer como as mentiras que de fato são, será possível avançar para elementos que vão fortalecê-la.

A segunda parte deste livro é dedicada aos **comportamentos para você adotar**, meu modo elegante de dizer que os hábitos são muito importantes. Se você quiser ver avanço e resultados, o segredo está na consistência. Você não pode simplesmente fazer algo uma vez, ou mesmo 10 vezes, e esperar que isso te leve aonde quer ir. Será necessário que você desenvolva comportamentos tão rotineiros que parecerão fazer parte de seu DNA. Você tem que fazer isso com naturalidade, como se a melhor versão de si mesma fosse o seu novo normal.

Finalmente, apresento as **habilidades para você desenvolver**. São características universais de que todos necessitam para a realização de quaisquer objetivos. O que pode parecer estranho é que essas características raramente são consideradas habilidades.

Atributos como confiança ou persistência normalmente são tidos como algo que ou você tem ou você não tem; mas eu quero mudar sua percepção sobre isso. Você pode cultivar novas virtudes – e o mais importante é que você *precisa* fazer isso se quiser alcançar seus objetivos pessoais com mais facilidade.

Este livro tem muitas informações (levei a vida toda para adquiri-las), mas, por favor, não deixe que isso te intimide. Você é forte, ousada e capaz de muito mais. Daqui em diante, escolha enxergar as ideias de mudança como possibilidades. Uma vida cheia de possibilidades é a receita para a grandeza que você procura. Vamos nessa!

Parte I

DESCULPAS PARA DEIXAR PRA LÁ

desculpar[1]
verbo
1. tentar diminuir a culpa associada a (uma falha ou ofensa); buscar defender ou justificar.
2. liberar (alguém) de uma obrigação ou exigência.
sinônimos: justificar, defender, tolerar, absolver.

As desculpas se disfarçam de várias coisas. Algumas pessoas acreditam totalmente nelas. Acham que não são suficientemente boas ou que não têm tempo ou que não são o "tipo de pessoa que tem metas". Não percebem que, toda vez que se apegam a essas crenças, não apenas roubam de si mesmas a motivação, como acabam desistindo antes de começar. Vamos parar de fazer isso!

Quais são as desculpas que você tem usado? É bem provável que algumas delas morem na sua cabeça e sirvam como justificativa para você não estar correndo atrás dos seus sonhos. Espero que, ao revelar as desculpas mais comuns e explicar por que não precisamos lhes dar força, você seja capaz de quebrar os grilhões que a aprisionam.

Desculpa 1

NÃO É ISSO QUE AS OUTRAS MULHERES FAZEM

Eu tinha dentes de tubarão. Juro, é verdade. Fui uma daquelas crianças azaradas cujos dentes de leite não caíram. Em vez de saírem de fininho como qualquer incisivo de leite que se preze, eles continuaram agarrados no mesmo lugar. Ao mesmo tempo, meus dentes permanentes chegaram como um cunhado folgado e se instalaram para ficar. Então eu tinha duas fileiras de dentes. Dentes de tubarão.

Nessa mesma época, decidi cortar a franja com a tesoura de aparar bigode do meu pai. Em minha defesa, eu *sabia* que aquela não era a conduta mais inteligente. Eu era, e ainda sou, uma rígida seguidora de regras, e cortar o próprio cabelo com apenas 11 anos era o equivalente a realizar uma cirurgia de peito aberto com as facas da cozinha. Desaconselhável. Mas, neste caso, a franja estava cobrindo os meus olhos, e isso me tirava do sério. Por mais que eu fosse uma seguidora de regras, também era, e ainda sou, uma mulher de ação. Decidi resolver eu mesma o problema. Quando papai descobriu o resultado da minha proatividade, tentou corrigir a franja torta. Infelizmente, ele não era melhor cabeleireiro do que eu. E ele tem um TOC poderoso... O que significa que ele é fanático por linhas retas. Ou seja, continuou cortando minha franja cada vez mais curta, na tentativa de deixá-la alinhada, até ficar pouco maior do que um cílio. Minhas fotos do quinto ano são um espetáculo.

Eu mencionei que também raspei as sobrancelhas naquela mesma época? Eu não sabia como usar a pinça. Sabia apenas que não queria uma monocelha, então deslizar a gilete da minha irmã mais velha pelo meio da testa parecia ser a escolha certa.

Eu também era gordinha.

Era a última da fila dos clarinetistas da orquestra.

Era desajeitada e meu cabelo era crespo, sem contar que meu manequim era sempre o dobro do das líderes de torcida e as roupas de segunda mão raramente me caíam bem. Tudo o que eu mais queria era ser bonita, popular e aceita por todo mundo. Mas eu não tinha a menor chance.

Quando você é criança, não tem controle sobre sua aparência, sobre as coisas a que tem acesso ou sobre o fato de estar destoando da multidão. No entanto, você está totalmente consciente do que está errado, do que não está disponível, do que *deveria* estar lá. Basta olhar para as pessoas que parecem se encaixar nos grupos, que parecem estar com tudo resolvido, para ver o que te falta. Em um mundo perfeito, assim que você percebe o que tem de diferente, alguém mais velho e mais sábio aparece e ensina você a valorizar sua estranha individualidade. Essa pessoa te acompanha, é sincera e talvez aponte a melhor maneira de evitar que você arruíne ainda mais sua aparência cortando a própria franja. Em um mundo perfeito, essa pessoa te incentiva a ser você mesma e ao mesmo tempo te ajuda a descobrir como aumentar sua autoconfiança.

Só que a maioria de nós não cresceu em um mundo perfeito. A maioria de nós cresceu identificando desde muito cedo todas as coisas que estavam erradas. Acreditávamos que éramos muito estranhas, muito feias e muito desajeitadas para sermos amadas e aceitas sem que fossem necessárias grandes mudanças. Algumas mulheres lidam com isso ficando cada vez mais introspectivas. Outras se revoltam: "O mundo não gosta do meu jeito? Tudo bem! Vou ser tão diferente que vou te rejeitar antes de você se aproximar!" Mas, se você for como eu, decide logo na fase dos dentes de tubarão e da microfranja que ter essa aparência desajeitada, estranha e trágica é uma droga. Então, em toda sua glória pré-adolescente, você começa a prestar atenção no que as outras garotas estão fazendo, e, como na cena de *A pequena sereia* em que ela fica superanimada por finalmente ter a chance de andar em terra firme, você decide que também vai fazer parte desse mundo. Você vai fazer o que for preciso: agir, vestir-se, olhar e falar de uma forma que permita o máximo de aceitação.

Não foi um processo rápido, mas, no fim, coloquei aparelho nos dentes e comecei a fazer chapinha no cabelo. E, quando eu estava com 20 e poucos anos, tinha me tornado muito boa em encarnar um personagem. Na verdade, eu tinha me tornado tão boa em ser como qualquer outra mulher que não me ocorreu questionar as decisões que vinha tomando. Quando comecei a me perguntar se gostava do caminho que havia escolhido, senti que tinha ido longe demais para voltar.

E, assim, vivi uma vida dupla.

Nada do tipo auxiliar jurídica de dia e espiã internacional de noite. Como tinha uma vida muito pública, eu fingia ser um tipo de pessoa, mas, na realidade, era completamente diferente.

Aos olhos do público e das redes sociais, eu era ótima esposa, mãe dedicada, cozinheira entusiasmada, a rainha do faça você mesma, com direito a blog de sucesso e participação ativa no Facebook. Nos bastidores, eu era uma mãe que trabalhava fora, empreendedora e batalhadora.

Eu tinha um escritório.

E uma equipe de cinco pessoas em tempo integral.

Eu trabalhava mais de 60 horas por semana.

E aqui está a parte importante: eu adorava cada segundo.

Eu adorava cada segundo, mas nunca falava sobre isso. Nem publicamente, nas redes sociais, nem na esfera privada, em festas familiares – muito menos nas atividades profissionais do meu marido ou em reuniões com clientes potenciais. Eu minimizava tudo. Rejeitava a verdade como se estivesse espantando uma mosca. *Ah, é só um trabalhinho que eu faço.* Escondia todas as conquistas e não admitia os meus sonhos mais ousados nem para mim mesma. Ficava preocupada com o que os outros poderiam pensar de mim. Ficava preocupada com o que *você* poderia pensar de mim se soubesse o que realmente se passava dentro do meu coração.

A verdade é que eu sonhava com muitas coisas. Eu tinha ideias para compartilhar com o mundo sobre como as mulheres poderiam mudar sua maneira de pensar, sua saúde mental, sua autoestima e, sim, a forma como tingiam as sobrancelhas (porque isso é tão importante para mim quanto o resto). Imaginei que, se conseguisse criar uma plataforma adequada, poderia falar com as mulheres de todo o mundo, incentivá-las, motivá-las e fazê-las rir. Se as outras pessoas podiam encher os *feeds* de notícias das redes sociais com vídeos de gatos, fotos de xícaras de café e exercícios físicos, eu podia acrescentar frases motivacionais e mensagens positivas nesse mix. Eu achava que esse conceito podia mudar o meu negócio. Eu acreditava que podia mudar o mundo.

Quem tem coragem de falar isso?

Eu tenho. Agora, pelo menos.

Será que eu teria dito isso há cinco, dez anos? Com certeza não. Eu mantinha esses sonhos secretos bem trancados e escondidos para que ninguém os considerasse estranhos ou me julgasse. Guardava-os em um lugar onde nunca veriam a luz do dia ou teriam a chance de se tornar realidade. Talentos e habilidades são como qualquer outra coisa viva: não crescem no escuro.

Essa minha atitude talvez não faça sentido para você. Se parece estranho eu ter me escondido de meus próprios sonhos, suponho que você nunca trabalhou na minha área... ou nunca teve sua reputação destruída por *trolls* em uma postagem no Facebook. A verdade é que é preciso ter a pele espessa para ignorar o que as pessoas publicam na internet. Mas a pele só engrossa depois que é ferida algumas vezes e se regenera de forma mais resistente.

Assim, levei anos para ter coragem de falar abertamente sobre os meus sonhos.

Comecei a escrever meu primeiro blog há quatro anos, quando era proprietária de uma bem-sucedida empresa de planejamento de eventos em Los Angeles, onde eu produzia festas extravagantes e casamentos. Fiquei totalmente esgotada. Eventos de milhões de dólares são glamorosos para quem é convidado, mas brutais para quem os produz. No quarto ano da empresa, eu tinha dúvidas se queria continuar ou não; foi quando criei meu blog. Na época, os blogs estavam na moda então decidi arriscar.

Foi terrível.

Eu escrevia literalmente sobre o que tinha comido no jantar da noite anterior. As fotos pareciam ter sido tiradas em um quarto escuro com uma câmera descartável – o que não estava longe da verdade – e, honestamente, ninguém lia o que eu postava. Como quase tudo na minha carreira de empresária, eu não tinha ideia do que estava fazendo. Mas, amiga, deixe-me dizer uma coisa: na falta de experiência ou conhecimento, a determinação faz a diferença entre onde você está e onde quer estar!

À medida que fui refinando meu foco e desenvolvendo um conteúdo mais consistente, o tema do blog – e, em última instância, do meu negócio – começou a se consolidar. Eu queria abordar a busca de uma vida mais bela e de uma existência mais feliz. Conquistei algumas seguidoras e passei a atrair um pouco de atenção. Foi nessa fase que surgiram algumas propostas. *Será que eu poderia falar sobre decoração para o Dia de Ação de Graças no noticiário matinal local?* É claro que sim! *Será que eu aceitaria citar esta marca de ovos em uma receita no meu site por 250 dólares?* Pode apostar que sim! *Será que eu poderia usar estes sapatos no próximo post no Instagram em troca de um bônus de 100 dólares no cartão de crédito?* Com certeza!

As propostas apareciam de forma constante e, apesar de não chegarem perto do que eu faturava como produtora de eventos, davam um bom retorno. As marcas têm dinheiro para gastar e queriam gastar com pessoas como eu. De maneira lenta, porém consistente, aumentei o fluxo de receita do blog ao longo dos 19 meses seguintes e passei a produzir cada vez menos eventos até conseguir fazer a transição completamente.

Nesse momento, eu só contava com a ajuda de um estagiário, que trabalhava meio expediente, mas, para me concentrar apenas no blog, eu sabia que precisaria de alguns profissionais. Minhas metas pessoais sempre foram altas, mesmo que eu não me sentisse confortável para contar às pessoas. Não sei apostar baixo em nada. Uma imaginação fértil aliada ao desejo de provar o meu valor por meio da realização significa que estou sempre mirando mais alto.

Você conhece a expressão "Quem não arrisca não petisca"? Eu sempre arrisco.

Se você me der um filhote de cão salsicha de presente de aniversário, vou... bem, em primeiro lugar, vou ficar surpresa. Nunca quis ganhar um cão salsicha, então não sei bem o que este presente significa, mas vou aceitá-lo sem problemas. Vou batizá-lo com um nome elegante, como Reginald Wadsworth, o oitavo duque de Hartford, e logo estarei planejando a construção de uma pequena fazenda nos arredores de Phoenix, onde poderei criar meus dachshunds campeões para competir.

A questão é...

Quando decidi tornar o blog ainda mais importante no meu negócio, eu sabia que precisaria de uma equipe ao meu lado. Contratei redatores que me ajudariam a escrever os textos, fotógrafos que tirariam belas fotografias e um assistente para cuidar do escritório. À medida que o conteúdo crescia, a base de fãs aumentava. Trabalhamos duro e prestamos atenção nas tendências. Conforme a audiência ia subindo, acontecia o crescimento da receita. Foi fantástico. Era uma empresa construída em cima da minha reputação e fundamentalmente na idealização que os leitores criaram sobre mim.

Vou fazer uma pausa e explicar uma coisa sobre celebridades ou influenciadores sociais que eu não entendia na época.

No momento em que escrevo este livro, tenho pouco mais de 1 milhão de fãs nas redes sociais, mas no início eu tinha cerca de 10 mil no Facebook, e o Instagram não existia. De qualquer forma, o problema com a fama hoje é tão real quanto antes, e é o seguinte: você não me conhece; conhece apenas sua percepção sobre mim. A mesma coisa vale para The Rock, Oprah, as Kardashians ou mesmo para o presidente. Até quando a pessoa é o mais transparente possível – considerando as fotos das minhas estrias que viralizaram e as confissões de meu último livro, que incluem alcoolismo e mau desempenho na cama, eu diria que levo uma vida pública muito transparente –, mesmo assim você não a conhece realmente. Não porque ela seja reservada, mas porque você a percebe através da lente que criou.

Por exemplo, se você começou a me seguir no Instagram

por causa de uma foto em que pareço superproduzida, pode me achar elegante e refinada. Se você passou a me seguir no período em que as fotos das minhas estrias (mencionadas anteriormente) correram o mundo, então poderia se identificar comigo como mãe ou como alguém que enfrentou problemas de imagem corporal. Qualquer percepção sua a meu respeito (ou a respeito de alguém que você não conhece de verdade) tem muito mais a ver com a caixa em que você me colocou do que com quem realmente sou. Tudo isso é natural, não há problema algum, a menos que a pessoa que você admira dê um passo fora dessa caixa.

Para mim, essa caixa foi a maternidade. E aqui é onde toda essa história de vida dupla que eu citei antes entra em cena.

Eu tinha uma legião de seguidoras que eram mães (tenho até hoje), mas na época não falei publicamente sobre a minha empresa. Não era por vergonha, mas porque estava tão focada na criação de conteúdo que não parei para explicar como tudo aquilo funcionava. Imaginei que todas perceberiam que eu não estava trabalhando sozinha. Eu estava envolvida na produção semanal de seis posts muito trabalhosos para o blog e ainda tinha duas crianças pequenas para cuidar. É óbvio que recebia ajuda! Mas, por alguma razão, isso não ficou claro para a maioria das pessoas e, quando elas se deram conta disso, algumas ficaram chateadas. E foram implacáveis. Nem lembro por quê, mas sei que foi no Facebook que falei sobre ser mãe. Nos comentários, alguém perguntou como eu arranjava tempo para "fazer aquilo tudo". Nem me passou pela cabeça mentir.

"Ah, eu não faço tudo isso", respondi alegremente. "Meu marido participa ativamente e temos uma babá que toma conta dos meus filhos enquanto estou no trabalho."

A internet explodiu.

"Que tipo de mãe permite que outra pessoa crie seus filhos?"

"Apenas uma vadia egoísta escolheria o trabalho em lugar da família!"

"Deve ser bom ficar à toa o dia todo enquanto outra mulher educa seus filhos."

As críticas foram imediatas e intensas. Algumas seguidoras ficaram decepcionadas ao saber que eu tinha ajuda na produção do conteúdo que postava. Muitas mulheres ficaram chateadas por eu trabalhar fora. Outras ficaram apopléticas por termos uma babá. Em retrospecto, posso compreender o fato de elas terem concluído que eu era mãe e dona de casa, provavelmente porque é o que elas eram. Temos a tendência de ver as pessoas não como elas são, mas como somos. Quando pisei fora da caixa em que me colocaram, elas se sentiram traídas e enganadas.

Fiquei arrasada.

Não consegui lidar com o fato de as pessoas estarem tão chateadas comigo. Pouco importava que fossem completamente desconhecidas. Pouco importava que tivesse acontecido nos comentários de um post no Facebook. Eu fui devorada. Lembra a criança que eu era? Com dentes de tubarão? Bem, ela ainda queria desesperadamente ser aceita e odiava a ideia de chatear alguém.

Honestamente, estou tão longe daquela jovem insegura (obrigada, terapia!) que, olhando para trás, isso tudo me parece tolo. Mas esse episódio me fez questionar tudo o que faria e diria publicamente. Havia um monte de temas que eu sabia que deixariam as pessoas irritadas, então evitava falar sobre eles. Trabalho, empreendedorismo, minha equipe, ter uma babá e uma governanta, viagens a trabalho – tudo isso rapidamente se tornou um tabu. Eu me concentrei no que as pessoas gostavam. Fotos dignas de álbuns do Pinterest sobre como se organizar, conselhos de maternidade, dicas de exercícios físicos e receitas de cupcake passaram a dominar as minhas postagens. Eu me esforcei muito durante anos para crescer e expandir minha empresa, mas, quando me perguntavam na época o que eu fazia para viver, eu modestamente respondia algo como "Tenho um bloguezinho".

Esse "bloguezinho" era lido por milhões de pessoas todos os meses e gerava uma receita na casa dos seis dígitos, mas percebi que o negócio por trás do blog incomodava algumas pessoas, então nunca o mencionava. Não era como se eu fosse discreta a respeito de certos aspectos da minha vida. O simples fato de manter isso em segredo começou a reforçar a ideia de que o que eu estava fazendo – e quem eu era – tinha algo de reprovável. Isso alimentou a minha culpa materna e as minhas inseguranças sobre a melhor maneira de ser uma esposa. Quando alguém dizia algo negativo sobre minhas escolhas, fosse on-line, pessoalmente ou em um evento familiar, eu não questionava. Passei a acreditar que as pessoas estavam certas, que eu estava fazendo tudo errado e que uma boa mulher, esposa ou mãe se dedicaria exclusivamente à sua família.

Só que eu não podia desistir. Eu amava minha empresa e adorava tentar resolver o enigma do empreendedorismo. Aquilo me fazia feliz, aquecia meu coração, me deixava energizada. Ao mesmo tempo, eu não queria que ninguém se sentisse incomodado pelo que me dava alegria.

Quantas de vocês fazem isso? Quantas entre as que estão lendo este livro vivem de maneira incompleta ou, pior ainda, são uma sombra de quem realmente gostariam de ser porque alguém na vida de vocês não as aprecia ou compreende?

Eu não queria desistir do meu sonho de um negócio bem-sucedido, mas também não queria ser rejeitada por ninguém. Vivi essa vida dupla por cerca de cinco anos, e tinha crises de ansiedade constantes. Precisei de um esforço pessoal gigantesco e algumas grandes reflexões para que eu entendesse por que sentia a necessidade de viver dessa maneira, mas, em resumo, a essência da questão é a seguinte: eu dava mais valor ao que os outros sentiam por mim do que ao meu amor-próprio.

Por isso, apesar de a empresa continuar a crescer, parei de mencioná-la em público. E, quando meus familiares indagavam por que eu ia trabalhar em vez de ficar em casa – cada vez mais frustrada – com meus filhos, aprendi a não mencionar meu trabalho na esfera pessoal também.

Segundo Brené Brown, "a vergonha tem como foco a individualidade, já a culpa se concentra no comportamento. Culpa: sinto muito, cometi um erro. Vergonha: sinto muito, eu sou um erro".[1] Eu não entendia isso na época, mas fiquei extremamente envergonhada de ser uma mãe que trabalha fora. Passei anos me sentindo envergonhada. Anos me culpando, anos tentando agradar a todo mundo, anos tentando produzir jantares de família e festas de aniversário infantis incríveis de modo a provar que meus filhos não estavam perdendo nada. Foram muitos anos desperdiçados com a tensão provocada pelas expectativas dos outros em relação à minha vida. Muitos anos tendo a atenção desviada da minha principal missão, que é motivar e ajudar outras mulheres, porque eu me preocupava demais com a opinião de todo mundo.

Passei muito tempo pedindo desculpas por ser quem eu era.

Ah, eu não me desculpava verbalmente. Minhas desculpas doíam muito mais porque eu não me desculpava por meio das palavras, mas da maneira como vivia. Eu ficava envergonhada toda vez que precisava viajar a negócios ou que engolia a mentira da culpa materna. Toda vez que me vestia ou falava de determinada maneira para ser mais bem recebida, era como se pedisse desculpas por ser quem eu era, uma mentira por omissão. Sempre que mentia a meu respeito, reforçava em mim mesma a crença de que havia algo errado comigo. Eu sinceramente acreditava que era a única mulher que se sentia assim.

Então, em 2015, fui a uma conferência que mudaria minha vida para sempre. Falei sobre isso em detalhes no meu último livro e juro que não serei o tipo de autora que repete histórias antigas, mas o cerne dessa experiência foi o seguinte: estávamos fazendo um exercício para aprender a limitar as crenças e as mentiras que nos atrapalham. Então comecei a revisitar minha infância e pensar no que eu poderia ter aprendido ou aceitado na época que ainda estivesse me afetando na vida adulta.

Alerta de *spoiler*: a maioria das coisas que você aprendeu na infância ainda te afeta hoje. Não sou exceção.

Cresci em um lar com estrutura tradicional. Meu pai trabalhava e minha mãe cuidava da casa... mesmo quando ela também trabalhava fora. De alguma forma, com orgulho, ainda consegui ser uma feminista – o que significa, de maneira geral, que acredito na igualdade entre homens e mulheres. Me casei acreditando que meu marido e eu dividiríamos igualmente as obrigações, mas, com uma facilidade incrível, logo passei a reproduzir a estrutura na qual fui criada, que dizia o que a mulher deve ser, como deve agir e o que se valoriza na sua conduta.

Deixe-me fazer outra pequena pausa e desconstruir a ideia de viver como "se espera que a mulher seja". Se eu pudesse apresentar apenas uma ideia neste livro, seria: a maioria de nós foi criada com base em uma enorme disparidade entre a maneira como mulheres e homens devem ser. Não é uma questão de masculino *versus* feminino. Trata-se de como devem ser criados os meninos *versus* como devem ser criadas as meninas. Como mencionei, a maioria das mulheres, independentemente de onde cresceram ou de qual seja sua formação cultural, aprendeu que ser uma boa mulher significa ser boa para as outras pessoas. O problema é que isso significa deixar que outras pessoas determinem o seu valor. Não é de admirar que metade das mulheres que conheço sofra de ansiedade e depressão e se afunde na onda criada pelo que as outras pessoas pensam. Fomos ensinadas a acreditar que não temos valor se não formos bem avaliadas pelos que nos cercam.

Voltando ao assunto. Fui a essa conferência e tive uma epifania que mudou a minha vida. Fui ensinada a sonhar pequeno, mas nasci com um coração que só sabia sonhar grande. Este coração (e tudo que o envolve) se formou dentro de mim enquanto eu estava sendo gestada. Meus sonhos não eram apenas uma parte de mim, mas minha essência. Eram um presente de Deus e, se o Criador me concedeu algo, como isso poderia estar errado? Aprofundei minhas reflexões e percebi que o meu desejo de crescimento e trabalho só me pareceu realmente errado quando comecei a me preocupar com o que as outras pessoas poderiam pensar a respeito. Ficar em casa pode ser uma bela escolha pessoal e um chamado para a vida – mas não era o meu caso. Aquilo era o que outras pessoas queriam para a minha vida; era culturalmente o que conhecíamos, mas nem por isso parecia adequado para mim. Então comecei a me perguntar: "E se o certo fosse acreditar em mim mesma o suficiente para ser honesta sobre a minha vida? E se o certo fosse me orgulhar de quem fui destinada a ser? E se o certo fosse ter orgulho do trabalho árduo e das minhas realizações, em vez de sonhar pequeno?"

Saí daquela conferência animada! Eu era uma mulher completamente diferente quando cheguei em casa – na verdade, devo dizer que desfrutei de forma plena da minha individualidade pela primeira vez na vida. Desde então tenho vivido o período mais feliz, realizado e gratificante de toda a minha existência, e isso me conscientizou de algo importante. Não me tornei bem-sucedida por sentir vergonha ou porque não me enquadrava nos moldes das mulheres à minha volta. Não sou a única que já se sentiu assim. O que me impulsionou para os sonhos que tenho o privilégio de viver hoje foi ter aceitado o desafio de superar esses sentimentos e, ao fazer isso, mudar completamente a minha vida.

Se você foi influenciada pelo meu trabalho, lembre-se de que nada disso teria acontecido se eu não tivesse parado de ouvir aquela vozinha dentro da minha cabeça, que dizia: "As outras mulheres não são assim. Isso é muito ousado, muito estranho, muito rebelde. Sente-se. Fique quieta!" Resistir ao instinto de seguir os comandos daquela voz interna é uma das coisas mais difíceis que já fiz, mas, por ter conseguido, a minha vida – talvez a sua? – mudou para melhor.

Desculpa 2

NÃO SOU UMA PESSOA MOVIDA A METAS

Suspeito que a maioria das mulheres que escolhem este livro estejam sempre atrás de uma meta. Seu foco não é o dinheiro; elas têm como prioridade alcançar objetivos. Ou seja, têm uma meta ou um sonho que está em seu coração e quer algum conselho ou incentivo para realizá-lo. Mas é provável que em meio a essa multidão de leitoras também haja mulheres curiosas, contemplativas ou simplesmente fãs do meu canal do YouTube que não sabem muito bem como essa história de metas funciona para elas, porque, bem, elas não são o tipo de garota que busca realizar seus sonhos. Elas decidiram que isso simplesmente faz parte de sua estrutura genética: algumas pessoas são do tipo que busca crescimento pessoal, outras não. Algumas até querem ser assim, mas não têm muitas esperanças porque "isso não está no meu sangue".

Entendo perfeitamente por que você acha isso. Quer dizer, é claro, se você não nasceu já dominando algo é porque não era para ser. Andar, falar, comer alimentos sólidos sem morrer sufocada, dirigir um carro, soletrar, usar um computador, tudo isso faz parte de "quem você é" desde o nascimento, certo?

Não. Deixe de bobagem.

Você desenvolveu essas habilidades, assim como um milhão de outras. Não estou alegando que você não seja uma pessoa movida a metas, porque a sua percepção do mundo é o mundo real para você, e se você acredita que algo é verdadeiro, então certamente ele é. O que estou afirmando é que está faltando uma palavra nessa frase. Você *ainda* não é uma pessoa movida a metas. Todo mundo pode descobrir seu objetivo, focar nele e se esforçar para alcançá-lo todos os dias. Descobrir sua meta exige um pouco de reflexão e clareza, mas e as outras duas etapas? Ter foco e ser produtiva para se aproximar de onde se quer chegar são apenas hábitos. Se você ainda não tem esses hábitos é porque ainda não os desenvolveu, e não porque nunca os terá.

Os sonhos são o que você quer para a sua vida. São as coisas que você deseja para si ao longo do dia. Algo como: "Gostaria de não me sentir tão cansada o tempo todo." Ou como: "Adoraria não ter dívidas!" Ou mesmo: "Queria não precisar depender de salário para viver; talvez eu possa ter outra fonte de renda." Como viemos de lugares diferentes e temos origens também diferentes, nossos sonhos são tão únicos e variados quanto nossos penteados. Todo mundo tem sonhos para sua vida – todos têm, mas nem todos admitem, ou mesmo levam em consideração, seus desejos "fúteis" como uma possibilidade, mas as pessoas que leem este livro querem algo. Sabe esses desejos que você tem? São sonhos. Mas um sonho é algo totalmente diferente de um objetivo.

Um objetivo é um sonho sendo trabalhado. Um objetivo é um sonho que você decidiu tornar real. Um objetivo é uma meta que você está se esforçando para alcançar em vez de uma ideia que você está apenas analisando ou esperando que se realize. A esperança é algo lindo, uma ferramenta extremamente valiosa para nos mantermos motivados e inspirados a respeito de possibilidades para o nosso futuro. Mas vamos ser muito claros neste ponto: a esperança não é uma estratégia.

É inútil esperar que a vida melhore, que você melhore e que, de repente, desenvolva foco e motivação sem que para isso seja necessário tomar medidas concretas. Você tem que planejar o sucesso. Tem que ter a intenção e decidir agora que você pode ser quem quiser ser e conquistar o que quiser conquistar.

Você precisa acreditar.

Você tem que crer em si mesma e acreditar que é capaz de mudar e se tornar a pessoa que quer ser. A jornada começa com a definição do objetivo. Depois, você precisa encontrar a direção em que quer seguir e então desenvolver os hábitos para chegar lá.

Um dos melhores momentos da minha carreira nos últimos cinco anos foi uma conversa telefônica que tive com um membro da nossa comunidade. Esse grupo é formado por milhões de mulheres em todo o mundo (e alguns poucos e ótimos homens) que convivem conosco nas redes sociais. Queríamos saber como tinha sido a experiência de assistir à nossa primeira conferência. (No primeiro ano em que realizamos a conferência "Rise", não fazíamos a menor ideia do que estávamos fazendo. Eu sabia apenas que desejava criar uma oportunidade para que as mulheres se reunissem e tivessem acesso a informações e ideias que funcionassem como ferramentas de mudança em suas vidas. Ao mesmo tempo, queria lhes possibilitar o convívio com uma comunidade de mulheres com ideias semelhantes.) Como eu ia dizendo, entrei em contato com uma das mulheres que teve coragem de vir ao nosso primeiro evento para ouvirmos a sua experiência. No telefonema, ela mencionou, meio envergonhada, que só foi à conferência porque esperava que eu autografasse os meus livros de ficção. Ela nunca havia refletido sobre crescimento pessoal.

"Nunca soube que eu poderia ter uma meta", revelou ela. "Sou mãe e esposa e nunca pensei em ter como foco algo apenas meu." Para ser honesta, fiquei atordoada com essa revelação. Atordoada porque sou uma pessoa movida pelos meus objetivos e, sinceramente, nunca me ocorreu que nem todo mundo fosse assim. Sei que nem todo mundo pula da cama às cinco horas da manhã, como eu faço, mas achei que todo mundo estava sempre em busca de algo. O fato de uma mulher ir a um dos meus eventos e entender que, como mulher, ela tinha valor por si mesma, e não pelo que poderia proporcionar a outras pessoas – não a seus filhos, não a seu marido, não a sua mãe, mas a si mesma –, foi revelador para mim. Ela descobriu que podia sonhar, ter desejos e objetivos. Isso foi incrível e me deixou muito orgulhosa da empresa que criei.

Mas isso também me serviu de lição e me fez entender que há pessoas que não se permitem ter um objetivo ou mesmo um sonho. Isso me deixa triste. Não porque sou dramática demais (embora seja, com certeza), mas porque crescimento é sinônimo de felicidade. De verdade. Ter algo pelo qual trabalhar nos dá propósito. Alcançar novos marcos, até mesmo os pequenos, nos dá um sentimento de realização e orgulho. Qualquer organismo vivo – seja um relacionamento ou uma empresa – ou está crescendo ou está morrendo. Ponto.

Se você está vivendo sem ter algo a conquistar ou sem almejar alguma coisa, não é de admirar que tenha a sensação de que esteja passando pela vida, e não vivendo de fato. Não me interessa se você é CEO de uma empresa listada na *Fortune 500* ou se é mãe e dona de casa – você precisa ter um objetivo. Pode ser uma meta pessoal – entrar em forma, economizar, comprar uma casa, abrir um negócio ou salvar o casamento –, pode ser qualquer coisa. Saiba apenas que você deve ter um objetivo e, mesmo que não tenha tido um antes, é possível desenvolver o hábito e se tornar o tipo de pessoa que quer ser.

Desculpa 3

NÃO TENHO TEMPO

Suponho que a falta de tempo seja algo com que todas as leitoras deste livro se identifiquem. Talvez você seja mãe solo. Talvez tenha se formado recentemente na faculdade e esteja trabalhando em dois empregos para sobreviver. Talvez você esteja com o ninho vazio e a agenda cheia. A verdade é que, independentemente de onde está ou de que fase da vida está vivendo, é possível que você tenha dificuldade para arranjar tempo. Muitas vezes parece não haver tempo para as coisas de que você mais gosta na vida: tempo para os amigos, tempo para seu amor, tempo para receber uma massagem ou tempo para ir à sua loja favorita sozinha durante uma hora inteira, sem os filhos, só para você lembrar como é fazer compras com calma e as mãos livres. Mas também pode ser difícil encontrar tempo para seu objetivo. Em que momento você tentará realizá-lo? Onde você o encaixará entre trabalho atual, sua vida pessoal e os filhos que precisa criar? Como acrescentar isso a uma agenda que está sobrecarregada e da qual você praticamente já não dá conta?

Bem, você pode ou não se surpreender com o fato de eu já ter dado esta resposta antes, mas ela continua sendo verdadeira: você não vai ter tempo para realizar seus objetivos; você vai *arranjar* tempo para alcançar seus objetivos. E a primeira coisa que você precisa aceitar é que o controle da sua agenda é seu. Sim, você, executiva de alto nível. Sim, você, mãe de quatro filhos. Sim, você, universitária com 27 compromissos na semana. Sim, você, assistente júnior com um chefe exigente. Você está no controle da sua agenda. Na verdade, não há nada na sua vida ou na sua agenda agora que você não tenha permitido que lá estivesse. Reflita por um segundo. Está sobrecarregada? Culpa sua. Sem tempo para comer? Decisão sua. Passando duas horas assistindo à TV à noite ou checando o Instagram para relaxar? Também escolha sua.

A questão não é saber se você tem tempo suficiente. A questão é: como você está usando o seu tempo? É possível cursar a faculdade e ao mesmo tempo ser mãe e dona de casa; as mulheres fazem isso o tempo todo. É possível treinar para correr meia maratona tendo um emprego de tempo integral; as mulheres fazem isso o tempo todo. É possível criar o seu próprio negócio à noite, após terminar o expediente na empresa de outra pessoa. Eu fiz isso.

Quando eu ainda trabalhava na indústria de entretenimento, comecei a fantasiar sobre como seria ter a minha própria empresa. Sonhava com isso sem parar e, em uma época pré-Pinterest, eu arrancava fotos de revistas e as guardava em uma pasta para, quem sabe, um dia utilizá-las. Na época, eu cumpria mais de 50 horas por semana e tinha me casado havia menos de um ano, então meus fins de semana eram bastante ocupados. Era divertido maratonar os filmes com Drew Barrymore. Era divertido ir à

Home Depot para tentar redecorar nosso banheiro. Era divertido economizar para pedir o prato mais sofisticado do restaurante em um jantar a dois. E, depois de trabalhar durante a semana toda, quase nada era tão agradável quanto ficar em casa com o Dave. Mas, como o sonho de criar uma empresa de produção de eventos ficou cada vez mais forte no meu coração, eu sabia que teria que abrir mão de algo. Deixar meu emprego e me arriscar em um voo solo como empresária não era possível. Tínhamos comprado uma pequena casa com uma prestação enorme, que consumia praticamente nossos salários inteiros. Eu não tinha dinheiro para empreender sozinha. Não tinha conexões, mentores, clientes potenciais, muito menos uma reserva financeira. Tudo o que eu tinha era o meu tempo – e aqui está o segredo – e disposição para investir esse tempo no meu objetivo.

É assim que a vida funciona.

Dizem que se você quer algo que nunca teve, tem que fazer algo que nunca fez. Para mim, isso significava desistir das noites diante da TV com meu marido. Abri mão dos fins de semana passeando pelo shopping para comprar um edredom para o quarto de hóspedes. Em vez disso, eu trabalhava. Fiz estágio com cerimonialistas de casamento locais para aprender sobre o mercado. Fiquei centenas de horas de pé, *de salto alto*, em casamentos e estreias de filmes para aprender a fazer aquilo sozinha. Trabalhei um ano como assistente de evento em festas de luxo, mantendo durante a semana o meu emprego formal; e fiz isso sem ser paga. Nunca recebi um centavo por essas horas. Troquei fins de semana confortáveis em casa ao lado do marido pela oportunidade de trabalhar com clientes exigentes e cerimonialistas rudes, com o firme propósito de aprender sobre o setor em que queria empreender.

Para ser bem direta e objetiva, a verdade é que era péssimo! Você acha que eu não ficava cansada depois do expediente? Acha que eu queria ir coordenar o ensaio do casamento de uma noiva neurótica em uma noite durante a semana depois de trabalhar por 10 horas no escritório? Você acha que eu queria perder as festas de aniversário e fins de semana com amigos para poder organizar um casamento? Você acha que não foi desestimulante ser maltratada mesmo trabalhando de graça? Claro que foi. Mas, cara, olhe aonde eu cheguei! Usei o conhecimento que aprendi naquele ano para abrir a minha própria empresa de produção de eventos. Usei essa empresa de eventos para começar meu blog. Esse blog me deu a minha base de fãs. Além disso, aquele ano que passei trabalhando para cerimonialistas mesquinhas serviu de inspiração para o enredo da história de meu primeiro livro de ficção, *Party Girl*. Para arranjar tempo no meu dia quando abri a minha empresa, precisei entender que, ao me comprometer com algo novo, eu precisava ter disposição de encontrar tempo para alcançar meu objetivo.

Por exemplo, quando decidi escrever meu primeiro livro, passei a levantar às cinco da manhã para adiantar o texto antes de meus filhos acordarem. Aprendi a escrever um pouco sempre que tinha a chance. Essa tática funciona até hoje. Agora, estou escrevendo este capítulo sentada nas escadas de um portão de embarque superlotado no aeroporto de Toronto. Acabei de passar três dias divulgando minha obra para a imprensa e realizando sessões de autógrafos, e estou completamente exausta. Mas acredito neste livro e quero colocá-lo nas suas mãos o mais rápido possível, o que significa que preferi sacrificar meu tempo de folga para que isso aconteça. Se quero ter novas conquistas na vida, eu nunca me perguntarei: "Será que consigo fazer isso?" A pergunta sempre será: "Do que estou disposta a abrir mão para chegar lá?"

É disso que se trata. A questão não é se você tem tempo ou

não, mas se o seu objetivo é suficientemente atraente, bonito e *necessário* à sua felicidade futura para que você se disponha a abrir mão do conforto atual para alcançá-lo mais adiante. Você está disposta? Você trocaria um pouco de descanso hoje em nome de possibilidades futuras? O primeiro passo é esquecer essa história de que você não tem tempo. O segundo passo é reorganizar seu tempo de modo a alcançar a meta que deseja. Veja como fazer isso:

1. FAÇA UM CRONOGRAMA PARA A SUA SEMANA

Sabe quando você se consulta com um nutricionista pela primeira vez e ele pede que você faça um diário alimentar durante uma semana para saber tudo o que você consome? A ideia é a mesma. Você precisa manter o controle sobre cada hora de uma semana típica. Quero que você anote tudo que fizer. A maneira mais fácil é baixar um aplicativo de agenda no telefone e documentar à medida que as coisas forem acontecendo. Você correu durante 45 minutos? Acrescente a informação. Você se voluntariou a vender bolos para a igreja? Anote o tempo que você dedicou, inclusive se arrumando em casa, o tempo no trânsito, etc. Você passa 58 horas por semana jogando Candy Land com seu bebê? (Haja paciência... Você merece ser santificada!) Coloque na agenda.

Depois de registrar as atividades de uma semana, descubra onde você vai encaixar cinco horas semanais para trabalhar em prol do seu objetivo. Não fique ansiosa. Cinco horas não são tanto tempo assim. Isso representa uma hora por dia durante cinco dos sete dias da semana. Ou uma sessão de três horas e apenas quatro segmentos de 30 minutos. Há milhares de maneiras de agrupar e organizar esse tempo. O importante é decidir agora que você começará a dedicar no mínimo cinco horas por semana para o seu objetivo.

Se você me conhece, sabe que tenho algumas rotinas diárias que me ajudam a obter o melhor da vida, o que eu chamo de "Cinco hábitos para o sucesso". Bem, essas cinco horas com foco no meu objetivo também têm nome: "Cinco horas de dedicação". Ou seja, dedique no mínimo cinco horas por semana à sua meta. Se arranjar mais tempo, ótimo, mas crie o hábito de reservar ao menos as cinco horas e não abra mão disso!

2. DEPOIS DE DEFINIR SUA NOVA AGENDA, TRATE AS "CINCO HORAS DE DEDICAÇÃO" COMO ALGO SAGRADO

Caso eu verificasse sua agenda para a próxima semana, deveria encontrar uma vida organizada em torno das coisas que você deseja alcançar. Digamos que você tivesse dito: "Meu objetivo é entrar em forma neste ano porque meu marido e eu sempre quisemos correr a meia maratona juntos e este é o nosso ano." Será que sua agenda teria três horários reservados para correr ao longo da semana?

Quando algo é sagrado, você o protege. Imagine que eu cheguei para você e disse: "Ei, quer tomar um café com o Chris Hemsworth às 15 horas?" Você certamente aceitaria porque ele é um encanto, tem um sotaque charmoso e você está mais do que curiosa para descobrir como o Chris soube da sua existência. Você colocaria o compromisso na agenda como algo inadiável porque ele vai lhe proporcionar muitas coisas incríveis e emocionantes. Então se de repente alguém dissesse: "Ei, você pode pegar as crianças às 15h10? Sei que eu disse que podia fazer isso, mas surgiu um imprevisto", você não sairia concordando. Você não cancelaria o café assim de bom grado porque, afinal, é com Chris Hemsworth, e esse compromisso agendado é uma promessa que você fez a si mesma, algo de que você não pode desistir facilmente.

Seja qual for sua visão para o futuro, tem que ser tão valiosa para você quanto esse café com o Thor... ou com quem quer que você considere tão interessante quanto. Você precisa reconhecer que o seu comprometimento lhe proporcionará coisas tão incríveis e emocionantes quanto esse encontro com um super--herói australiano saradão. Essas cinco horas são o que existe entre você e seu sonho, e se você não consegue reservar um tempo na agenda para se tornar a pessoa que quer ser, o que estamos fazendo aqui? Por que estamos tentando? Sua agenda está cheia de coisas que melhoram sua vida ou é feita para atender às vontades e necessidades das outras pessoas?

3. CERTIFIQUE-SE DE QUE O TEMPO MÍNIMO RESERVADO SEJA A PARTE DO DIA EM QUE VOCÊ FUNCIONA MELHOR

Eu escrevo melhor e mais depressa na parte da manhã. Tenho mais energia no início do que no fim do dia; não me sinto esgotada a ponto de repensar tudo. Posso escrever à noite, mas eu me sinto cansada e normalmente demoro o dobro do tempo para escrever o mesmo número de palavras. Eu me conheço, então prefiro reservar um tempo na parte da manhã. Não basta reservar o número mínimo de horas, é preciso escolher a parte do dia em que sua capacidade mental esteja no máximo.

4. PLANEJE SUA AGENDA SEMANALMENTE

Você tem que fazer isso. Todo sábado ou domingo, Dave e eu nos sentamos juntos e repassamos nossas agendas. Falamos sobre reuniões de trabalho, horários de levar e buscar as crianças, nossas atividades físicas, os programas que planejamos com os amigos e nossa saída noturna semanal. Confirmamos também as prioridades de modo que ambos saibam no que o outro está envolvido e em que cada um pode precisar de uma ajuda extra. A vida não para, e sua agenda com certeza vai mudar. Aquelas horas sagradas podem ter que ser remanejadas para que continuem fazendo parte da sua rotina. Se você esperar até o meio da semana para tentar encaixar um horário, é menos provável que consiga fazer o que precisa. Não dá para fechar a agenda no início do mês e esperar que ela não mude, afinal você não é um robô. Faça uma programação no início do mês e a refaça no início de cada semana para garantir que vai conseguir cumprir o que foi planejado.

Você pode arranjar tempo para realizar seus objetivos e tem que fazer isso agora. Por que agora? Porque, se não for agora, quando será?

Eu não tinha o hábito de me maquiar.

Bem, eu me maquiava, mas não muitas vezes e não muito bem. Minha irmã mais velha, Christina, sempre foi fã de maquiagem. O cabelo dela era comprido e louro, e a sombra nos olhos estava sempre impecável. Eu devia ter seguido o exemplo, mas ela é nove anos mais velha do que eu, então perdi o bonde nessa história de tutoriais. Suponho que isso explique por que uma rápida passada de máscara nos cílios era o máximo que eu fazia durante a adolescência. E, infelizmente, o talento para cuidar do cabelo ou fazer maquiagem não é magicamente concedido no seu aniversário de 18 anos, como a autorização legal para comprar bilhetes de loteria.

Tudo isso para dizer que só porque eu era adulta não significava que conseguia me arrumar bem. Mas a necessidade é a mãe da invenção e, com o passar dos anos, consegui incluir um "visual dia" em minha rotina. Um pouco de sombra, delineador, corretivo e um *gloss* claro nos lábios se tornaram parte do uniforme que adoto quando vou ao escritório. E à noite ou nos fins de semana? Nada disso! Maquiagem ou *babyliss* no cabelo só em ocasiões especiais, como uma saída romântica ou uma festa. No resto do tempo estou sempre com calças largas e o cabelo preso num coque.

Um dia, eu estava combinando de encontrar umas amigas para jantar e, ao passar pelo espelho do banheiro, dei uma parada. O visual não estava bacana, mas eu não queria perder tempo me arrumando. Pensei: "Será que sair para jantar com minhas amigas é razão suficiente para eu me maquiar?" Quase imediatamente respondi ao meu reflexo desleixado: "Se não for agora, então quando será?"

Passei a vida inteira esperando pelo momento especial que justificaria eu me arrumar, me sentir e agir da melhor forma possível, mas a verdade é que ninguém precisa de um momento especial, ou de qualquer outra razão, para fazer tudo isso. "Se não agora, então quando?" Essa expressão se tornou meu mantra e uma resposta para várias perguntas diferentes.

Devo usar no dia a dia aqueles pratos lindos que ganhamos no casamento?
Devo me arrumar para sair para jantar com o meu marido?
Devo reservar um tempo para escrever um bilhete para uma amiga?

Devo ligar para os meus pais?
Devo assar biscoitos para oferecer aos vizinhos?

A resposta a todas essas perguntas é a mesma: se não for agora, então quando será? Você poderia passar a vida planejando o seu dia especial, quando agora, hoje, este segundo, é tudo o que você tem. "Algum dia" não é algo garantido!

Pare de esperar por esse dia especial, isso é um mito. Não espere ter tempo sobrando, comece a planejar para ter tempo agora.

Desculpa 4

NÃO SOU BOA O SUFICIENTE PARA SER BEM-SUCEDIDA

Já falei e escrevi muito sobre a eterna luta que travo contra a sensação de não me sentir boa o suficiente. Esse é um dos temas que mais rendem comentários nas minhas postagens, então sei que não estou sozinha nesse tipo de insegurança. Para muita gente, a lista de "inadequações" vem em todos os tamanhos e formas. Nós nos sentimos inadequadas em quase todas as áreas da vida. Mas tudo piora quando nos preparamos para realizar algo que não sabemos ao certo se somos capazes de fazer.

As inadequações que sentimos são várias: "Não sou bonita o suficiente para encontrar um amor", "Não sou magra o suficiente para ser bonita", "Não tenho experiência suficiente para fazer isso", "Não sou jovem o suficiente para fazer aquilo". Nós já lutamos contra essa sensação diariamente e agora temos um objetivo a conquistar. Será que as inseguranças que sentimos em relação à vida em geral deixam de existir nessa área? Claro que não! Na verdade, quando nos propomos a fazer algo, muitas vezes estamos lidando com o medo do que nos falta multiplicado por 9 milhões.

Você acha que não está em forma e agora pretende correr a meia maratona? Você não se acha muito inteligente nos estudos, mas de alguma forma vai criar um negócio de sucesso? Você acha que não consegue se dedicar às coisas, mas vai tentar escrever um livro? O que acontece muitas vezes é que você inconscientemente decide que vai fracassar antes mesmo de tentar ser bem-sucedida. A ironia é que o seu objetivo pode comprovar exatamente o oposto do que você pensa sobre si mesma. Completar com sucesso a meia maratona afetaria a maneira como você se sente em relação ao que seu corpo é capaz de fazer. Criar um negócio incrível corrigiria suas crenças sobre seu grau de inteligência. Perseverar e terminar o manuscrito de um livro provaria que você é uma pessoa dedicada. Trata-se de um paradoxo porque seus sentimentos de *inadequação* te impedem de provar para si mesma que você pode tudo. Como ainda não conquistou seus objetivos, você decide que não tem capacidade para isso.

Quando era bebê e caía ao aprender a andar, você não permanecia deitada; você se levantava e tentava novamente. Na primeira vez que dirigiu um carro, você provavelmente estava assustada e nervosa, segurando o volante como quem luta kung fu e com as mãos posicionadas direitinho num ângulo perfeito. Hoje em dia você poderia segurar o volante com o joelho esquerdo enquanto entrega um copo para alguém no banco de trás sem perder uma única palavra de *Dora, a aventureira*, trilha sonora que você programou para repetir eternamente quando fosse deixar as crianças na escola. Nós falhamos, escorregamos e estragamos tudo repetidas vezes quando somos jovens, e mesmo assim continuamos. Mas peça que uma mulher de 37 anos faça uma aula de CrossFit e ela imediatamente vai imaginar todas as formas de isso dar errado. Sem perceber, ela já se convenceu a nem tentar.

Acho que isso acontece porque, quanto mais jovem você é, mais falhas são esperadas. Sem contar que você presta menos atenção no que as outras pessoas vão pensar se você cair. Mas agora você está tentando fazer coisas que nunca fez, então dê a elas o status de um bebê. Não é que você não vai conseguir cruzar a linha de chegada. Você apenas não descobriu ainda como completar essa corrida específica.

Sei bem o que é isso, pois eu também já passei por essa situação. Algo que sempre me afastou de alcançar um dos meus maiores objetivos na vida foi a crença de que eu não era suficientemente inteligente para construir um grande negócio. Ou, melhor dizendo, eu acreditava não ter recebido uma boa formação escolar. Quando admito isso, as pessoas costumam se surpreender, talvez porque eu tenha reconhecido essas antigas crenças limitantes e me esforçado para mudar minha percepção a respeito de mim mesma. Veja bem, sempre que nos sentimos inadequadas, a única maneira de sermos bem-sucedidas no enfrentamento dessa mentira é nos depararmos com uma verdade que a torna irrelevante.

Admito que sou pouco instruída no sentido formal. Tenho o diploma do ensino médio e cursei um ano de teatro. E só. Isso não era um problema quando eu trabalhava com eventos porque as pessoas estavam me contratando por minha habilidade com decoração e organização. Ninguém se preocupava se eu tinha ou não um MBA. Mas, ao longo dos últimos anos, minha empresa cresceu exponencialmente e com isso vieram mais receitas e despesas – e, gente, eu sou péssima em matemática! Como não é uma área em que eu me sinta segura, tentei ao máximo ignorar a parte financeira do negócio. Quanto mais a empresa faturava, mais eu sofria para entender o balanço, que, de repente, me parecia tão complexo quanto o orçamento de uma pequena cidade. Tornou-se uma profecia autorrealizável.

É duro admitir isso, mas estou há alguns anos nesse processo de construção da minha empresa e mal olhei a contabilidade. Fico aflita e não entendo o que está diante de mim. Então, eu sequer passo os olhos pelos relatórios financeiros que o contador prepara. Contanto que eu tenha dinheiro suficiente para cobrir a folha de pagamento e os clientes paguem em dia, eu realmente não presto atenção. Não foi por preguiça ou presunção que tomei essa decisão. Foi por medo. Toda vez que via uma demonstração financeira e não entendia nada, aquela voz na minha cabeça – você sabe qual, aquela versão idiota de você mesma que gosta de apontar todos os seus defeitos – listava tudo o que estava me preocupando: "Você não é inteligente o bastante para dirigir uma empresa desse nível", "Quem você pensa que é?", "Essas pessoas estão confiando a vida delas a você, e você não consegue sequer ler um balanço", "Você vai fracassar". O medo e a autorrecriminação continuaram por anos, até o dia em que dei um basta.

Eu estava lendo um excelente livro sobre vendas e fiquei animada com todas as ideias que estava reunindo sobre como aumentar a receita e reduzir as despesas. Só que, para fazer essas coisas, eu percebi que precisava – era fundamental – ter a situação financeira da empresa sob controle. Imediatamente, os medos começaram a aparecer, mas minha disposição em relação ao que eu estava buscando era maior do que o medo. Minha barulhenta família de Oklahoma sempre repete um ditado e, naquela manhã, quando eu estava no escritório, ele veio à minha cabeça.

"Rachel", eu disse em voz alta para mim mesma, "ou vai ou racha".

Às vezes, você precisa ouvir a voz franca e sensata de seu avô na sua cabeça para lembrar quem você realmente é. Ou eu ia dirigir esse negócio e fazê-lo crescer com coragem, determinação e autoconfiança ou precisava parar de "brincar". Minha crença limitante dizia que eu não era inteligente o bastante porque me faltava uma formação em finanças. Eu precisava neutralizar essa crença limitante com uma verdade que retirasse seu poder.

A verdade em que eu me baseei era esta: historicamente eu sempre encontrara saídas para os obstáculos. Sempre. Minha empresa existia havia 14 anos e eu nunca me esquivei de nenhum desafio. E aí? Ia desistir agora que eu estava fazendo sucesso em grande escala? Só porque estava insegura? De jeito nenhum! Quando comecei a repetir para mim mesma essa verdade, tive clareza para pensar melhor. Em vez de aceitar que eu não tinha inteligência suficiente, encarei o problema em questão: como eu poderia melhorar naquele ponto? Havia algum curso que eu pudesse fazer?

Claro que havia! Fiz a inscrição imediatamente e fui aceita em um curso on-line de contabilidade empresarial na Harvard Business School. Já que eu não me achava inteligente o bastante, o antídoto que arranjei foi me inscrever em um dos cursos on-line mais difíceis disponíveis. Assim que fui aprovada, prometi que iria provar para mim mesma – não, para o mundo! – que era boa em matemática. Minha decisão certamente deixaria qualquer psicólogo feliz.

Fazer esse curso foi um erro colossal.

Era caríssimo estudar ali! Eu até me saí bem nas provas e tirei ótimas notas, mas só porque estudei muito. Quando o curso terminou, eu não tinha de fato mais conhecimento sobre qualquer um dos conceitos do que antes de começá-lo. Além disso, ocupou muito o meu tempo, o que me deixou ainda mais ansiosa em relação a dirigir com sucesso a minha empresa porque eu estava dedicando boa parte do dia a fazer trabalhos acadêmicos.

Estou contando esse lado da história porque acho que é um obstáculo que muita gente enfrenta no caminho para qualquer tipo de crescimento pessoal. Identificamos uma dificuldade e decidimos que vamos superá-la, mas tentamos resolver um problema pessoal fazendo algo que não tem nada a ver conosco.

É como você decidir que vai entrar em forma e se inscrever em uma aula supercara de *spinning*. Sua irmã adora essas aulas, então deve haver algo de bom nisso. Não importa que você odeie se exercitar em grupo e que a academia fique a 40 minutos de distância, do outro lado da cidade. Ou talvez você seja uma mãe solo que precisa aumentar a renda e decide pegar um segundo emprego como vendedora. Você não gosta muito do produto que precisa vender e fica aflita com a ideia de falar em público, mas seu melhor amigo vem sendo bem-sucedido nisso, então tem certeza de que também pode ser. Ou talvez você seja uma empresária que abandonou a faculdade porque tinha dificuldade em aprender no ambiente de sala de aula. Você aprendeu cada detalhe do negócio por meio de pesquisas que realizou sozinha, mas, quando precisa se aprofundar mais, decide que a melhor coisa a fazer é se inscrever em um formato de aula que você detesta.

Amigas, crescimento pessoal é para ser pessoal mesmo.

Não tem essa de tamanho único. Ele deve ser personalizado para você e para a maneira como você aprende melhor, ou não vai dar certo. Seja rigorosa com seu objetivo, mas flexível em relação a como chegar lá. Você pode ficar em forma saindo para pedalar na rua. Como adora estar ao ar livre, pode montar seus treinos de acordo com sua personalidade e obter resultados reais. No outro exemplo, você pode procurar emprego em sua cafeteria local favorita, em um ambiente que adora e onde poderia conversar com os clientes.

E eu? Perdi um tempinho (e milhares de dólares em mensalidades não reembolsáveis), mas finalmente reconheci que precisava ter essa capacitação para o meu negócio da mesma forma como desenvolvi todas as minhas outras habilidades. Cheguei a me questionar: "Há livros que eu poderia ler? Conferências a que eu poderia assistir? Eu poderia contratar alguém? Eu poderia ser mais honesta sobre o que entendia e sobre o que não entendia, a fim de obter maior clareza?"

A resposta a todas essas perguntas foi: "Sim, é claro!" Foi fácil aprender sobre um assunto que não me interessava particularmente sem um plano concreto sobre o que fazer em seguida? Não. Foi confortável admitir que eu não conseguia entender a parte financeira que eu fingia entender antes? É claro que não. Mas qual era a alternativa?

A voz do meu avô na minha cabeça soou mais alta do que meus pensamentos negativos.

Até agora sempre consegui encontrar soluções para os obstáculos no meu caminho. E vou continuar conseguindo. Portanto, tenho que trabalhar. Aprendi a diferença entre balanço patrimonial e demonstração de resultado em um vídeo do YouTube. Fui a diversas conferências sobre negócios e me sentava na primeira fileira em toda sessão sobre contabilidade, embora fosse mais maçante do que ver tinta secar. Em uma dessas conferências, assisti por acaso a uma aula de Keith J. Cunningham. (Estou citando o homem caso alguém esteja passando pela mesma insegurança. Procure na internet os vídeos dele!) Nunca vi alguém explicar finanças com tamanha clareza ou simplicidade como ele fez naquele dia. Chorei como um bebê por ter finalmente entendido coisas que não conseguira entender até então. Quem neste planeta chora por causa dos princípios básicos de contabilidade?

Alguém que achava não ser inteligente o bastante para um dia compreendê-los.

Essa é a parte mais louca sobre não se sentir capaz de realizar os seus sonhos. A única maneira de provar que você consegue é invertendo a dúvida. Isso é muito mais difícil se você está seguindo o caminho de outra pessoa. Você precisa focar no que funcionou para você no passado e aplicar essas ideias nesse novo empreendimento. Você também precisa acreditar nas suas possibilidades, em vez de se concentrar nas probabilidades.

Não ter algum conhecimento só te torna apta a aprender, não estúpida. Não estar em forma só te torna apta a modelar o corpo, não uma preguiçosa. Não ter experiência pode te deixar ansiosa, mas não faz de você uma ignorante. Mude o roteiro e obrigue-se a ver o lado positivo daquilo que você só via como negativo. Qual é a vantagem de ainda não saber, não entender, não conquistar, não ter e não alcançar os seus objetivos? O *ainda*. O *ainda* nos lembra que temos uma semana, um mês, a vida pela frente para nos tornarmos quem fomos destinadas a ser.

Você tem o que precisa ter. Hoje. Do jeito que você é. Pare de se criticar por estar no *ainda*, não importa sua idade. *Ainda* é o seu potencial. *Ainda* é uma promessa. *Ainda* é o que faz você seguir em frente. *Ainda* é um talento, e você tem o que precisa para chegar lá.

Superar essa crença limitante em mim mesma como empreendedora permitiu que eu reconhecesse tudo o que fiz em vez de me concentrar no que não fiz. Há um ótimo exercício para isso que aprendi anos atrás e acho que pode ser útil caso você esteja duvidando de sua capacidade. Escreva uma carta sobre você para você. Mais especificamente, a carta deve vir de sua tenacidade, da parte de você que nunca desistiu, do ponto de vista oposto àquele do seu medo. A carta deve vir da sua autoconfiança, do seu coração, da sua intuição e da parte de você que sempre consegue o que sua mente define como meta.

Quando peço que as mulheres façam isso nas palestras que dou, há sempre um momento de hesitação. "Mas eu não fiz nada, não tenho nada para escrever", dizem.

Amiga, o problema não é que você não seja bem-sucedida, o problema é que você não se dá crédito algum pelos seus feitos. Você precisa escrever uma carta com a sua verdade para acabar com as mentiras sobre quem você realmente é. Então, se você se preocupa por estar acima do peso e fora de forma, escreva uma carta para si mesma sobre todos os momentos da sua vida em que seu corpo fez coisas incríveis. Você praticou esportes na infância? Você ficou grávida? Você deu à luz outra vida? E esses braços que estão enfraquecidos? Quantas vezes esses braços ofereceram amor e conforto para outras pessoas? Quantas vezes esses braços te ajudaram a cuidar da sua família, a fazer o seu trabalho ou a criar sua arte? Você acha que o seu sonho é grande demais, impossível? Anote todas as vezes em que você realizou coisas que ninguém pensou que você conseguiria.

Vou compartilhar aqui a primeira carta que escrevi para mim mesma, e vou logo dizendo que a carta original incluía muitos palavrões porque: a) nunca imaginei que alguém fosse lê-la; b) às vezes um palavrão bem colocado me devolve o ânimo; e c) amo Jesus, mas xingo um pouquinho. Para os propósitos de hoje, atenuei e retirei as palavras que poderiam causar a proibição deste livro em alguns países. A carta original continua no caderno com espiral que usei naquele dia. Não sei quando a escrevi, mas lembro que foi em plena crise, lidando com as minhas piores inseguranças sobre ser ou não suficientemente inteligente para expandir o meu negócio. Escrevi para mim sobre a minha persistência.

> Cara Rachel,
> Aqui é a sua persistência falando, e quero que você saiba de mim o seguinte: sou atrevida. Nasci da dor e do medo e lutei para superá-los. Aprendi muto desde cedo. Mudei para uma nova cidade. Consegui um emprego quando ainda era muito inexperiente, depois outro, e outro. Criei uma empresa que não devia ter dado certo, e depois outra. Escrevi cinco livros. Vou escrever outros mais. Ofereci lar temporário para duas crianças quando já criava três filhos. Faço coisas que ninguém

mais pode fazer, em uma velocidade inacreditável. Tenho autoconsciência. Sou superempenhada em meu desenvolvimento pessoal. Enfrento as situações difíceis quantas vezes forem necessárias. Não desisto nunca. O medo é uma força poderosa, mas não há força definidora maior em sua vida do que eu, sua persistência. Você tem 33 anos de exemplo disto!

Esse exercício foi tão poderoso para mim na época porque eu realmente não me dava crédito por nada do que eu já tinha feito. Eu precisava relembrar a verdade. Posso não ter tido uma educação formal completa, mas fiz tudo o que mencionei, e continuo fazendo. Isso é o que quero que você faça hoje. Isso é o que quero que você faça no próximo fim de semana, e repita daqui a três meses. E três meses depois disso. Toda vez que o medo da *inadequação* aparecer, quero que você se lembre da verdade – e não da opinião.

A maioria das pessoas, especialmente as mulheres, se apega a um pequeno detalhe, a uma mentirinha, a alguma crença limitante que tem desde a infância. Acreditamos nisso tudo por tanto tempo que sequer questionamos. São coisas que escutamos quando éramos jovens e mais sensíveis. Alguém falou algo que te deixou insegura, então você passou a vida se questionando e aceitando o que disseram como verdade. O louco é que não há verdade nenhuma aí. Isso é só opinião.

Que 1 + 1 = 2 é um fato.
Existe gravidade na Terra. Fato.
A água pode extinguir o fogo. Fato.
Você é inadequada de alguma forma? Opinião – e é a opinião de outra pessoa ou talvez a sua própria, mas de qualquer forma ela não se baseia em nenhum outro fato que não seja o peso que você lhe dá. Portanto, pergunte-se: quanto você vive – ou melhor, deixa de viver – por encarar uma opinião como uma verdade?

O mais absurdo dessa história é que, sejam lá quais forem seus motivos para se achar inadequada, essa é a opinião, intencional ou não, de outra pessoa sobre você, e você a aceitou e fez dela uma doutrina em sua vida.

Só que nunca racionalizamos isso assim. Nunca realmente pensamos "Ah, eu não me sinto capaz porque a mídia me disse isso, porque minha tia me disse algo uma vez, porque uma menina na oitava série fez um comentário e isso se tornou a minha realidade".

Você já pensou em como é ridículo viver de determinada maneira, fazendo escolhas que a afastam dos seus objetivos, que não lhe permitem novas experiências, por medo de se expor por causa de algo que uma pessoa aleatória disse a você algum dia? Se veio da voz de uma autoridade ou uma garota na internet, se você está hesitando porque alguém te disse que você não é capaz, você ainda está vivendo e fazendo escolhas para si mesma e para sua família com base na opinião alheia.

Outras pessoas não têm o direito de dizer o que você pode ter!

Ninguém tem o direito de dizer o que você pode ser!

O mundo não tem o direito de decidir o que você deve tentar.

Você é a única que pode tomar essa decisão.

Aqui está o outro lado disso. Você tem que parar de culpar o mundo pelos seus problemas. Você não pode dizer: "Bem, fui alvo de deboche durante toda a adolescência, então fiquei insegura." Ou: "Meus pais fizeram essas coisas comigo, então agora eu não consigo lidar com isso."

Não estou menosprezando os traumas que sofremos na infância. É extremamente prejudicial passar por um trauma, ainda mais num momento da vida em que estamos tão sensíveis às opiniões dos outros. Mas o negócio é o seguinte: o ensino médio acabou. O ensino fundamental aconteceu há muito tempo. Você não é mais uma garotinha e não pode continuar a viver como se estivesse na sétima série, não importa quanto essa fase tenha sido difícil. Você tem que decidir agora que vai tomar as rédeas da sua vida e esquecer todas as outras bobagens porque elas não são importantes. Quem quer que tenha dito besteiras para você, seja sua mãe, sua irmã, a garota má da escola ou qualquer outra pessoa, não tem o direito de se meter na sua vida. Essa pessoa não está no ringue. Não está no jogo. Não está recebendo os golpes. É você quem está.

É um processo simultâneo. Você não pode viver de acordo com as opiniões dos outros nem continuar colocando a culpa neles. Você precisa aceitar o seu caminho, e aceitar que o que aconteceu, aconteceu. Você precisa escolher estar consciente dos passos que deve dar agora para curar e superar esses traumas. Você não pode continuar culpando algo que aconteceu anos atrás. Porque, sério, como isso pode estar funcionando para você?

Sei que você pode estar pensando: "Você não sabe o que fizeram comigo. Não sabe o que eu passei." Você está certa, não sei mesmo. Mas sei que, se o seu passado ainda está afetando sua vida atual de forma negativa, agarrar-se a isso não ajuda você em nada.

Essa atitude faz você se sentir melhor a seu respeito? Viver em constante angústia – "Sou muito gorda. Sou muito magra. Sou muito nova. Sou muito velha. Sou muito..." – faz você ser mais gentil com as pessoas? Como isso afeta você?

O que acontece é que você se sente um lixo. Ninguém é feliz quando se sente inadequada. Ninguém se sente inspirada e toma decisões importantes e entusiasmadas todos os dias se está sempre se achando insuficiente.

O surpreendente é que tudo se resume a uma *percepção* das coisas. Trata-se daquilo que você acredita ser verdadeiro. E é você quem decide no que acreditar. Se fôssemos amigas na vida real, eu te sacudiria pelos ombros e te lembraria que é você quem decide.

Eu sou a prova viva de que seu passado não determina o seu futuro.

Eu sou um exemplo vivo, de carne e osso.

Passei por traumas, por sofrimentos, fui intimidada e me sentia feia, indigna e inadequada de muitas maneiras. Mas decidi recuperar a minha vida e consegui. Também lutei infinitas vezes contra as mentiras e as crenças limitantes. E me apoiei nessa força ao analisar o que é verdade, não o que é opinião. Você também pode fazer isso.

Desculpa 5

NÃO POSSO TENTAR REALIZAR MEU SONHO E AO MESMO TEMPO SER UMA BOA MÃE/ FILHA/PROFISSIONAL

Você pode retirar a palavra "mãe" dessa desculpa e substituí-la pela que preferir: esposa, irmã, cristã, amiga... Preencha o espaço em branco como quiser.

Odeio essa desculpa.

Ela me irrita de verdade. Não pela possibilidade de você acreditar nela, mas porque eu já acreditei nisso. Sabe quantos anos eu desperdicei tentando agradar a todo mundo? Sabe o tanto que eu me martirizei porque gostava de trabalhar fora e todas as outras mães que eu conhecia queriam ficar em casa cuidando dos filhos? Grande parte das mulheres vai ter que lidar com decisões assim, e a maioria não vai tentar realizar nada que possa custar a felicidade de outra pessoa.

Você quer se inscrever na academia, mas isso exigiria que seu marido cuidasse do bebê para que você pudesse se exercitar –

só que ele não gosta de ficar com o bebê? Nossa, caramba, bem, acho que você não vai poder ir. Ou você quer mudar de cidade, mas sua família mora próximo e sua mãe vai pirar se você não estiver por perto? Ok, acho que você vai viver para sempre no mesmo lugar. Ou você quer aproveitar sua aposentadoria para viajar pelo mundo como sempre sonhou, mas sua filha estava contando em ter você por perto para ajudá-la com as crianças? Tudo bem, é melhor abrir mão desse projeto de vida.

Afinal, a felicidade dos outros é mais importante do que a sua, não é? As outras pessoas são mais importantes do que você. A única maneira de ser uma boa mãe, filha, irmã, amiga ou seja lá o que for é se mostrar para as outras pessoas exatamente como elas querem e quando elas querem, certo?

Você tem uma chance – literalmente, apenas uma chance nesta vida – e não sabe quando essa chance pode acabar. Você não pode desperdiçá-la vivendo para os outros.

Não quero dizer com isso que você deva ser egoísta. Não quero dizer que você deva considerar que a vida diz respeito apenas a você e ao que te faz feliz. Parte de estar em uma família, em um relacionamento ou em uma comunidade significa estar disponível para os outros. O problema é que a maioria das mulheres que conheço não tem dificuldade para estar disponível para os outros, e sim em encontrar disponibilidade para elas mesmas.

Estava conversando com meu pai outro dia sobre a ideia na qual se baseia este livro. Disse a ele que queria escrever sobre buscar e alcançar objetivos. Contei sobre a quantidade de mulheres que me mandam mensagens perguntando como encontrar coragem para fazer isso. Ele falou para lhes dizer que sejam egoístas.

"Você sabe o que me disseram no primeiro dia de aula do meu doutorado?"

Meu pai sempre, sempre, começa qualquer história com uma pergunta, sabendo muito bem que seu público não sabe a resposta.

Quando criança, eu odiava isso porque achava que era apenas uma maneira de mostrar sua superioridade intelectual. Como adulta, no entanto, consigo olhar para trás e ver que ele estava nos ensinando desde muito cedo a resolver um problema antes mesmo que alguém nos dissesse a resposta. Agora, faço exatamente o mesmo com meus filhos e estremeço só de imaginar o que meu menino de 8 anos acha disso. Em todo caso, eu não tinha uma resposta para o meu pai naquele dia.

"Não, papai, o que eles disseram?"

"Eles disseram para sermos egoístas. Disseram que fazer um doutorado mais tarde na vida era uma coisa que você fazia para você mesmo e mais ninguém. Disseram ainda que não demoraria muito para que nosso cônjuge ou nossos filhos ou nosso chefe ficassem frustrados com nossas aulas, os trabalhos para fazer em casa ou com o tempo necessário para escrever a tese. Disseram que, se não fôssemos egoístas com nosso sonho de concluir um doutorado, seríamos convencidos a abandoná-lo."

Imagino que você passe boa parte de seu dia pensando nos outros, preocupando-se com os outros e sendo uma pessoa maravilhosa na sua família, no seu trabalho e com seus amigos. Mas, pelo menos no seu objetivo, você está autorizada a se concentrar mesmo que isso signifique ter menos tempo para as pessoas de quem você gosta. Também vou te incentivar a perguntar a si mesma (assim como no capítulo anterior) se isso é um fato ou é uma opinião.

Há duas opiniões muito conhecidas que representam a narrativa sobre o que você pode e não pode ser ao mesmo tempo. A primeira é o equilíbrio entre trabalho e vida pessoal. A ideia de que o trabalho e a vida pessoal nunca podem estar em equilíbrio é uma opinião.

Esta é a pergunta de 1 milhão de dólares para toda mãe que trabalha: Como você se equilibra entre o trabalho e a família?

É uma pergunta válida e que deve ser discutida, até por ser reconfortante ouvir que outras mães que trabalham também enfrentam dificuldades com isso. Minhas ideias sobre esse assunto são muito firmes, e eu não me importo de dizer a vocês exatamente o que já disse em diversos seminários de negócios ao longo da última década: o equilíbrio entre trabalho e vida pessoal é um mito.

Mais do que isso, é um mito que causa dano, pois acho que ninguém consegue realmente alcançá-lo, embora saiba que muitas mulheres de alguma forma conseguiram. Alguém, em algum lugar, mencionou isso como algo possível – era a opinião dessa pessoa, veja só – e os meios de comunicação parecem ter se agarrado a essa afirmação como uma verdade. Portanto, quando nos sentimos desequilibradas e sofremos para fazer tudo o que temos que fazer ao mesmo tempo, avaliamos que estamos passando por essa dificuldade apenas porque ainda não descobrimos o equilíbrio entre trabalho e vida pessoal. E isso se torna mais um item na nossa lista de fracassos como mães, ao lado de outros terríveis erros como esquecer o "dia do penteado esquisito" na escola ou comprar o iogurte errado. Argh! Detesto tudo que faz as mulheres se sentirem erradas ou inadequadas, por isso vou desmistificar essa ideia ridícula.

Equilíbrio entre trabalho e vida pessoal – a descrição desse equilíbrio supõe que esses dois elementos vivam em harmonia, perfeitamente balanceados na sua vida. Meu trabalho e minha vida pessoal nunca (nunca!) tiveram o mesmo peso em nenhum nível. Nem mesmo quando eu tinha 17 anos e trabalhava fazendo sanduíches na Sub Station na minha cidade natal. Mesmo naquela época, havia dias em que um projeto grande na escola fazia com que eu não pudesse trabalhar tantas horas. Aceitar uma lucrativa oportunidade de trabalhar no sábado (farto em gorjetas) significava não poder sair com os amigos. Trabalho e vida pessoal sempre disputarão a primazia, pois ambos exigem atenção total para serem bem-sucedidos. Não é certo ou errado, é apenas como a vida funciona.

Às vezes, meus filhos têm atividades escolares ou consultas médicas e eu preciso me ausentar do trabalho para acompanhá-los. Da mesma forma, neste momento, enquanto eu me refugio na única escrivaninha da casa (no quarto dos meninos), minha família inteira está se divertindo na piscina lá embaixo. Posso ouvi-los dando risadas e cantando juntos. Eles estão bebendo refrigerantes e aproveitando ao máximo, enquanto eu estou aqui em cima... escrevendo este livro. A busca pela realização do meu sonho de ser uma autora que incentiva outras mulheres faz com que às vezes seja necessário abrir mão da piscina para que isso se concretize. A balança nunca é equilibrada; ela muda constantemente, descendo e subindo de acordo com o que mais precisa da minha atenção a cada momento. Acho que isso se aplica à maioria das pessoas, independentemente da fase de vida em que estamos. E a única maneira de superarmos o mito de que algumas pessoas têm tudo planejado é sermos honestas sobre como realmente são nossas vidas e nossas prioridades. Ok, eu começo...

EU

Nos primeiros tempos como mãe e empreendedora, eu não era prioridade em nada. Vivia irritada, cuidando de todo mundo e nunca me preocupando com o modo como tudo aquilo podia me afetar. Era um desastre. Ficava doente pelo menos uma vez por ano, estava sempre estressada e lutando para manter o peso. Era um caos. Então, alguém comentou que eu não podia cuidar de alguém corretamente se não cuidasse primeiro de mim mesma. Minha saúde e meu bem-estar são agora minha maior prioridade.

Durmo por oito horas todas as noites. Sim, oito. Não seis nem sete. Oito horas completas. Como bem, bebo litros de água e não tomo um gole sequer de Coca Sem Açúcar há mais de quatro anos. Sim, ainda sou viciada em café – não se pode ter tudo! Comecei a me exercitar e corro pelo menos 20 quilômetros por semana. Dedico algumas horas semanais a rezar e frequentar a igreja, e realizo um trabalho voluntário porque minha fé é extremamente importante para mim. Não acho que o objetivo deva ser o equilíbrio entre trabalho e vida pessoal. Meu objetivo é estar centrada. Estar centrada significa ter estabilidade e estar em paz consigo mesma. Estar centrada significa que você não perderá o equilíbrio, independentemente de quão caóticas as coisas fiquem. Se eu me coloco como prioridade e mantenho o foco, todo o resto funciona bem... mesmo quando a vida está a 160 quilômetros por hora!

MEU CASAMENTO

Tenho certeza de que muitos pais naturalmente colocariam seus filhos como prioridade, mas meu casamento será sempre o relacionamento mais importante da minha vida. Dave e eu saímos juntos uma noite por semana e tiramos férias incríveis uma vez por ano – adivinha só – *sem nossos filhos*. Quando estamos em casa, brincamos de desenhar no joguinho *Interference* com nossos três meninos e nossa abelha-rainha, Noah Elizabeth. Por isso é essencial também sairmos sozinhos com frequência e agirmos como adultos de verdade. Como apoiamos muito a carreira um do outro, corremos sérios riscos de começarmos a negligenciar nossa relação, o que aconteceu várias vezes ao longo dos anos. Então, em vez arriscarmos nosso casamento, concordamos em nos tornarmos um a prioridade do outro. Não queremos ter um bom casamento – nem mesmo um ótimo casamento. Queremos ter um casamento excepcional, e isso exige determinação.

MEUS FILHOS

Tenho quatro filhos: Jackson, Sawyer, Ford e Noah. Assim, mesmo quando não estou no trabalho, estou sempre em movimento. Há a rotina matinal, a ida para a escola, o jantar, o banho, os livros e a hora de dormir. Depois, nos fins de semana, nos revezamos entre eventos esportivos e festas de aniversário. Isso é um retrato do que é a vida hoje com as crianças, mas permita-me voltar no tempo e contar como foram os dois primeiros anos no comando da minha empresa. Eu trabalhava como uma louca, e muitas vezes chegava ao escritório às oito da manhã, o que significa que eu nunca conseguia levar as crianças para a escola. Recebi diversos bilhetes de outras mães reclamando da minha ausência nas atividades escolares, e perdi a conta das noites em que dormi chorando por causa disso. Ninguém nunca enviou bilhetes ácidos para o meu marido pela ausência dele, mas isso é uma crítica para outro momento. Na maioria das noites, eu chegava em casa por volta das sete, o que significa que eu perdia a hora do jantar. Foi uma fase realmente caótica, mas essa sobrecarga de trabalho é decorrente da minha situação como empreendedora e proprietária de uma *start-up*. Há quem diga que perdi um tempo precioso com meus filhos, e eu não discordo disso. Mas eles também viram a mãe criar uma empresa do zero. Eles me viram fazer a empresa crescer tanto que o pai acabou indo trabalhar lá também. Eles viram o poder do trabalho duro e da dedicação, e tenho orgulho de ser um exemplo. Eu encarava isso, naquela época, como outra maneira de priorizar os meus filhos, só que com uma visão de longo prazo em mente.

MEU TRABALHO

Não vou fingir que não houve fases em que o trabalho ocupou a maior parte da minha atenção. Também não vou mentir e dizer que esses não foram os momentos mais difíceis para meu casamento, minha saúde e minha capacidade de ser o tipo de mãe que sempre quis ser. Agora que estou mais estabelecida na carreira, me sinto mais apta a trabalhar apenas no horário comercial. Além disso, estar há cinco anos nesta empresa me permite ter a ajuda de uma equipe incrível com quem eu divido responsabilidades. O trabalho continua sendo uma prioridade, sem dúvida, mas a sensação hoje em dia é diferente do que era antes.

Lembre-se: descobrir como administrar todas as áreas da vida de uma forma saudável é aprender a lidar com uma balança que sobe e desce. Algumas fases exigem mais atenção do que outras, e isso é bom. Alguém disse uma vez que era possível se equilibrar, mas isso não passa de uma opinião. Você é quem decide se isto é ou não uma verdade para você.

A outra opinião que afeta a narrativa sobre como podemos desempenhar vários papéis ao mesmo tempo diz respeito a uma área da vida que eu sei que não se aplica a todas as mulheres que me leem agora, mas sim à maioria – e quem passa por isso está se afogando nessa narrativa. Eu quero tocar nesse assunto. Quero que todo mundo tenha consciência do que está acontecendo para que possamos, como uma comunidade, tirar o poder dessa coisa traiçoeira.

Culpa materna.

Ei, pessoal, culpa materna é uma besteira!

Pronto, falei. Não sei se minha editora vai manter isso, mas se vamos apostar em uma frase de efeito neste livro, que seja essa!

Culpa materna, caso você ainda não tenha experimentado pessoalmente, é algo desprezível, horrendo e doentio que se aloja no seu coração e se arrasta até a sua cabeça, onde se instala para sempre – a menos que você decida matá-lo. A culpa materna gosta de te lembrar com frequência de todas as maneiras como você está falhando em relação a seus filhos. Algumas mulheres se sentem culpadas por irem trabalhar ou algo do gênero. Outras sentem o peso da culpa em tudo – desde quererem tempo para si mesmas até por não alimentarem os filhos com o tipo certo de frutas vermelhas. Acho que, se essa fosse a única coisa com que você tivesse que se preocupar, talvez culpar-se por isso não fosse tão ruim assim. Mas ser mãe significa se preocupar com 967 coisas todos os dias. Portanto, não só você é responsável pelas roupas, pelo abrigo e pela higiene dental de outra pessoa, como também continua se culpando pelas 967 decisões que está tomando (*enquanto as toma*). E você acha que isso a torna capaz de se sair melhor da próxima vez? De jeito nenhum. Isso só vai te confundir e sobrecarregar, além de acabar com o resto de confiança que você tinha em si mesma como mãe, o que, vamos ser honestas, é fugaz nos melhores dias.

Já posso ouvir as críticas sobre esse tema. "Bem, você falou que devemos ter autoconsciência. Disse que devíamos ser honestas sobre as áreas em que podemos melhorar." De fato. O problema é que a culpa materna não tem a ver com autoconsciência. A culpa materna está relacionada à autodestruição. Parte do crescimento em qualquer área da vida se deve à vontade de mudar para melhor. Mas a culpa materna não está relacionada com o crescimento, e com frequência ela é desgastante. Mesmo assim, voltamos a senti-la continuamente.

Ouça quando eu digo: isso não serve para você de forma alguma. Também não serve para seus filhos.

Eu mencionei algo parecido recentemente em uma *live* e alguém nos comentários disse algo como: "Não, a culpa é muito importante. Sentir culpa é a forma de sabermos que estamos fazendo algo errado. A culpa é a maneira que Deus nos diz que estamos fazendo escolhas ruins."

Santa ignorância! Não, sério. Isso é uma idiotice fingindo ser uma mensagem divina.

Não me importa qual seja a sua religião. O Criador não ensinou você a sentir culpa e vergonha. As pessoas é que lhe impuseram isso. Ou seja, tudo o que a sua família e outras pessoas de referência na sua vida consideravam vergonhoso você assimilou como algo digno de vergonha. Tudo o que essas pessoas viam como motivo de culpa gera culpa em você hoje.

Permita-me dar um exemplo muito pessoal. Eu cresci na década de 1980 como filha de um pregador pentecostal. Basta dizer que não me ensinaram a ver minha sexualidade como algo bom. Na verdade, não me ensinaram a refletir sobre minha sexualidade de forma alguma, por razão alguma, em nenhum momento. Tratava-se de algo que eu devia "guardar para o casamento". Ninguém me revelou exatamente o que eu estava guardando ou o que devia fazer com isso quando me casasse. Não é nenhuma grande surpresa quando digo que fiquei superdesconfortável ao me sentir confortável com o sexo. Em toda a minha vida ninguém nunca conversou comigo sobre sexo, exceto que, se feito antes de um determinado momento, causaria vergonha. O problema é que, mesmo depois que a hora certa chegou, eu não conseguia deixar de sentir a vergonha que tinha aprendido a associar ao sexo. Levei anos para superar isso, e estou feliz em informar que agora minha vida sexual é fantástica, muito obrigada. Mas a vergonha que eu sentia ao ter relações sexuais no início era muito real – e não acredito por um segundo sequer que a culpa era Deus me dizendo que fazer sexo com meu marido era errado. Culpa e vergonha não são coisas de Deus, por isso não fique pensando que sua culpa materna é de alguma forma divina.

Essa culpa só funciona para fazer você questionar tudo o que fez, está fazendo ou considera fazer no futuro. Para onde quer que você olhe, artigos, livros e programas de TV sugerem isso ou recomendam aquilo. As mães na escola só gostam desta marca ou daquele estilo, e Deus te proteja se você der uma criação diferente da que sua cunhada deu ou da forma como seu marido foi criado.

Vamos parar com essa maluquice!

Em primeiro lugar, dane-se, você está fazendo o melhor que pode! O fato de sentir alguma culpa agora revela que você se preocupa com seus filhos e que está tentando. Você não vai ser sempre o tipo de mãe que gostaria de ser, mesmo quando está se esforçando ao máximo. Hoje eu estava tentando passar protetor solar nas bochechas rechonchudas da Noah, quando ela caiu de costas e bateu a parte de trás da cabeça no chão de madeira. Então, ela chorou como se o mundo estivesse acabando. Pessoal, eu estava tentando passar protetor solar fator 80+ para mantê-la protegida, quando, acidentalmente, a fiz tropeçar na toalha de natação. Me esforcei ao máximo e ainda assim consegui estragar tudo! A vida é assim! Ser mãe é assim! Desde quando foi aprovada a lei que diz que devíamos fazer isso sem falhas?

Quando eu era pequena, ficava solta, sem cinto de segurança, no banco de trás do carro. Ninguém se preocupava com cadeirinha para criança ou segurança veicular. A mãe de uma amiga minha ri sem parar quando alguém fala com ela sobre práticas de segurança na gravidez. "Querida", ela diz enquanto balança a mão na direção do interlocutor. "Estávamos nos anos 1960. Eu tomei um martíni por dia durante minhas três gestações." Quer dizer, que tipo de situação à la *Mad Men* acontecia naquela época?

Estamos todas fazendo o melhor que podemos, e a crítica no momento em que você está se esforçando tanto não vai te ajudar a fazer melhor da próxima vez. Você será uma mãe melhor no próximo mês do que foi neste, e ainda melhor daqui a cinco anos. Daqui a duas décadas você vai horrorizar alguma mãe recente ao contar as barbaridades que fez quando seus filhos ainda eram pequenos. Enquanto isso, espero que você se esforce para melhorar em todas as áreas da vida, incluindo a maternidade, mas garanto que não servirá de nada castigar-se agora.

É possível buscar algo para si mesma e ao mesmo tempo dar atenção para as pessoas que você ama. É possível ser uma ótima mãe e uma excelente empresária. É possível ser uma esposa fantástica e ainda assim querer se encontrar regularmente com suas amigas. É possível ser isto e aquilo. É possível decidir que você estará centrada em quem você é na área que mais importa para você e não dar importância às opiniões alheias. Não acredite no que está na moda nem na pressão nem na culpa que diz que você tem que ser uma coisa ou outra. Talvez isso seja verdade para outras pessoas, talvez essa seja a opinião delas, mas só você sabe o que é verdade para você.

Desculpa 6

TENHO PAVOR DE FRACASSAR

Oitocentas e cinquenta mil pessoas me viram fracassar.

Vamos em frente e começar por aqui porque sei que para muitas de vocês a ideia de falhar até mesmo diante de um pequeno grupo de pessoas é aterrorizante. Oi-to-cen-tas-e-cin--quen-ta-mil. Esse foi o número de pessoas que me viram definir um objetivo, falar publicamente sobre quanto eu queria conquistá-lo e em seguida todas elas viram as consequências quando isso não aconteceu.

Foi terrível.

Como a maioria dos audaciosos autores americanos, há muito tempo eu sonhava em escrever um livro que entrasse na lista dos mais vendidos do *The New York Times*. Para quem não está familiarizado com essa distinção mítica, aparecer nessa lista é basicamente o unicórnio do mundo editorial. Acho que em certa época tudo dependia das vendas do livro, mas depois tudo ficou mais nebuloso. Parece que ninguém –

tirando as pessoas que trabalham lá – sabe dizer exatamente como você entra na lista. Muitos são os fatores envolvidos: vendas, divulgação na imprensa, repercussão e, presumo, algum ritual com sacrifício.

Quando publiquei meu sexto livro, eu sabia que ele tinha chance de entrar na lista. Vale a pena comentar que eu compreendo perfeitamente que uma lista aleatória não determina o valor da minha obra nem o meu próprio valor. Na verdade, para algumas pessoas, essa pode ser uma meta ridícula de se perseguir. Afinal de contas, querer ter seus textos publicados e reconhecidos pode parecer vaidade. Mas todas nós temos sonhos que cultivamos em nossos corações. Todas nós temos desejos que só fazem sentido para nós. Virar autora de um best--seller listado pelo *The New York Times* era o meu. Era o desejo que eu fazia na hora de apagar as velinhas em todos os meus aniversários nos últimos 15 anos. Foi o que passou pela minha cabeça quando fiz um desejo para uma estrela cadente e quando soprei as sementes de dente-de-leão ao vento. Se forçada a dar uma explicação lógica para isso, acho que é porque eu me sentiria validada. Minha entrada no mundo editorial não foi exatamente tranquila e, mesmo com a minha base de fãs crescendo a cada lançamento, acho que uma parte de mim adoraria ser reconhecida.

Então, continuando, eu sonhava com isso havia anos, mas nunca tinha admitido porque não queria que ninguém soubesse e viesse me julgar por não conseguir. Só que chegou o dia em que eu decidi incluir todo mundo no sonho. Decidi contar ao meu público on-line (naquele momento, 850 mil mulheres em todo o mundo) sobre esse antigo desejo. Pensei que, se isso acontecesse, elas compartilhariam a vitória. Afinal, são elas que me apoiam. E se isso não acontecesse, bem, certamente seria uma lição para todas nós.

A questão é que, como figura pública, você nunca deve revelar suas verdadeiras intenções. Se você mantiver seus desejos e sonhos guardados dentro de sua mente ou dentro de seu pequeno círculo de confiança, ninguém ficará decepcionado com seus fracassos porque, afinal de contas, ninguém saberá qual era o seu objetivo. Essa tática também abre a possibilidade de o público ser surpreendido e ficar encantado com qualquer sucesso que você tenha. Como ele nunca sabe no que você está trabalhando, qualquer conquista parece um feliz acaso, como se o destino estivesse novamente sorrindo para você.

O problema, para mim, é que essa maneira de pensar parece falsa. A sensação é de fingimento. Aqui estou eu te dizendo para ser corajosa e forte, para fazer coisas importantes e ousar buscar algo poderoso. Aqui estou eu te dizendo que o fracasso não importa e que as opiniões das outras pessoas não são da sua conta, mas ao mesmo tempo mantenho todos os meus desejos importantes escondidos dentro do armário? Isso parece hipocrisia.

Eu me esforço para contar a você tudo pelo que estou passando (ou pelo que já passei) porque o fingimento não é bom para ninguém. Então, com meu livro anterior, eu fiz algo que não se espera de nenhuma autora. Contei minhas verdadeiras intenções. Quatro meses antes do lançamento, contei a todas (e por "todas" quero dizer quem me segue nas redes sociais) que sempre sonhei em ter um best-seller na lista do *The New York Times*. Como disse, aquele era o meu sexto livro e eu vinha sonhando com isso havia anos, então falei sobre isso – e muito! Aquela meta se tornou um incentivo para mulheres em todo o mundo. O sonho era não mais só meu, mas de muitas pessoas que se entusiasmaram por mim. Elas sonharam o meu sonho junto comigo.

Então veio o fatídico dia. Era Dia dos Namorados, exatamente uma semana depois do lançamento do livro e, infelizmente para meu marido, era também seu aniversário. Naquela tarde, descobri que meu desejo não tinha se tornado realidade. O livro não entrou para a lista.

Fiquei muito triste e, para ser franca, envergonhada. Era como se eu tivesse pedido às minhas leitoras que comprassem algo que não consegui entregar. Fiquei arrasada. Chorei como um bebê e passei alguns dias deprimida, mas logo cheguei a uma conclusão: mesmo com toda a tristeza e toda a vergonha, eu não iria desistir do meu objetivo. Entro nas redes sociais todos os dias e aconselho as outras mulheres a realizar seus sonhos. Acordo e faço *lives* dizendo a minhas seguidoras que seus objetivos são importantes e que vale a pena tentar realizá-los. Escrevo vez por outra que o fracasso faz parte da vida. Fracassar significa que você está vivendo. Fracassar significa que você está tentando. Então, que tipo de pessoa eu seria se não aplicasse isso à minha própria vida?

Eu tinha revelado minhas intenções, mencionado meu sonho (grande, louco, audacioso). Eu tinha confessado a 850 mil pessoas que desejava certa coisa e todas elas me viram fracassar. Mas quer saber a verdade? Se você mirar no que pode alcançar, provavelmente vai chegar lá toda vez – nunca mais alto, nunca além, nunca melhor. Mas, se você mirar muito acima da sua própria cabeça, mesmo fracassando, você vai voar muito mais alto do que pode imaginar.

Eu prefiro voar. Prefiro sonhar. Prefiro quebrar a cara seguidas vezes. Vou continuar a revelar o que estou almejando porque espero que, ao me ver fracassando publicamente e me levantando uma vez, duas vezes e seguindo em frente, você pense consigo mesma: "E se...?"

E se você se inscrever em uma maratona?
E se você voltar a estudar?

E se você abrir uma padaria?
E se você pedir demissão do seu trabalho?
E se você aprender a dançar hip-hop?
E se você estudar para virar pastora?
E se você escrever um livro?
E se você começar um podcast?

Você tem sonhos. Eu sei que você tem, e também sei que muitas não os revelam porque temem que os outros vejam seus tropeços. Deixe que vejam! Deixe que vejam o que é determinação! Deixe que vejam os erros! Deixe que vejam os deslizes! Deixe que vejam que você sacode a poeira e se levanta para mais uma tentativa, incansavelmente, sem nunca desistir.

Sabe quantas vezes eu fracassei enquanto construía meu negócio e buscava realizar meus sonhos ao longo dos últimos 14 anos? Tenho certeza de que a maioria não vai se lembrar, mas eu nunca vou me esquecer de cada uma das lições que aprendi ao longo do caminho.

O que é preciso para dar a volta por cima quando você leva uma rasteira? Como empreendedora, levei incontáveis rasteiras (ou tropecei sozinha, por ser desastrada). Quando era mais jovem, eu imaginava que em algum momento ganharia experiência suficiente para evitar o fracasso de uma vez por todas. Abençoado seja meu jovem coração empreendedor! Meu atual nível de sucesso só torna meus fracassos mais públicos e maiores em escala.

Lembra quando eu lancei o *The Chic Site* na Itália?
Lembra quando um funcionário me roubou e eu nem percebi?
Lembra quando eu decidi trabalhar com flores e como cerimonialista de casamentos?
Lembra quando também comecei a fazer cestas de presentes de luxo?

Ninguém quis as flores ou as cestas de presentes, caso você esteja se perguntando.

Minha lista de fracassos é quilométrica. Tenho total consciência do tempo e do dinheiro que eles me custaram. Mas é o seguinte: cada um desses erros me ensinou algo para garantir que não voltassem a acontecer. Saber que algo de bom pode ser extraído das cinzas me ensinou a não me martirizar quando não acerto. Isso significa me levantar mais depressa e mais determinada do que nunca. Aprender com os erros é a maneira como você constrói melhores práticas. Só é um verdadeiro fracasso quando você está com tanto medo de olhar para ele que não consegue seguir em frente. Se você não conseguir continuar, nunca cruzará a linha de chegada.

Dez semanas depois do lançamento do livro, o impossível aconteceu – talvez não o impossível, mas algo inacreditável para mim: ele entrou na lista de mais vendidos do *The New York Times*. Posso dizer que, quando a editora ligou avisando, eu literalmente caí de joelhos. Foi uma completa surpresa. Liguei para Dave no trabalho. Fiz seu assistente tirá-lo de uma reunião.

"Entrei na lista", sussurrei quando ele atendeu.

Até então estava me segurando, mas seus gritos de parabéns me quebraram. Chorei como um bebê. Naquela noite, fui para casa e abrimos a garrafa de champanhe que estávamos guardando havia uma década. Dez anos antes, alguém nos dera uma garrafa muito cara de Dom Pérignon. A garrafa era tão chique que decidi reservá-la para uma ocasião especial. Na época, pensei no sonho mais grandioso possível e prendi uma etiqueta com meu objetivo na garrafa: "Best-seller no *The New York Times*" era o que estava rabiscado em um pedaço de fita preso no gargalo do champanhe.

A garrafa ficou 10 anos na nossa geladeira. Veio com a mudança de nossa primeira casa para a atual, onde escrevi todos os meus livros. A garrafa tinha sido empurrada para o fundo da geladeira de cerveja. O mais louco é que pendurei essa etiqueta quando ainda não tinha escrito uma página sequer de livro algum. Reservei a garrafa meia década antes de meu primeiro livro ser publicado. Eu sonhava em escrever um best-seller desde os 11 anos. Imaginei como seria celebrar abrindo uma garrafa guardada por uma década. Naquela noite, depois de 10 anos de espera, bebemos aquele champanhe e foi muito mais especial por causa de todo o tempo de espera. Foi muito melhor porque eu tinha "fracassado" várias vezes na busca por esse objetivo e, se eu não tivesse me exposto, se eu não tivesse deixado o público me ver fracassar de 100 maneiras diferentes ao longo dos anos que antecederam aquele momento, nunca teria conseguido nada disso.

Sou muito grata por ter fracassado. Sou muito grata pelos 14 anos de erros que me levaram a este ponto na carreira. Sou muito grata por cada livro que escrevi ter tido um desempenho melhor do que o anterior, embora nenhum deles tenha feito sucesso da noite para o dia. Minha carreira de escritora, assim como meu lado empresarial, é uma bola de neve rolando ladeira abaixo. Só recentemente a bola ganhou velocidade suficiente para fazer o chão tremer.

Sou grata pelos pequenos espaços que ocupei, pois eles me ensinaram a crescer.

Sou grata por cada tropeço ao longo do caminho, pois eles me ensinaram a correr.

Sou grata por cada momento de insegurança, pois eles me forçaram a ganhar confiança por meio de prática e estudo.

Se tudo isso tivesse acontecido de maneira rápida ou fácil, eu poderia ter associado as vitórias a sorte ou a uma habilidade inata. Por ter lutado e enfrentado dificuldades para chegar até aqui, tenho uma certeza: posso conseguir qualquer coisa se estiver disposta a trabalhar para isso – não porque sou especialmente talentosa, mas porque sou especialmente dedicada a melhorar.

Amiga, não tenha medo do fracasso. Tenha medo de nunca conseguir nada por estar com muito medo do que os outros podem pensar de você por tentar.

Desculpa 7

ISSO JÁ FOI FEITO ANTES

Isso é uma daquelas coisas que todas nós fazemos, certo? Olhamos a vida de outra mulher, seu trabalho ou seu Instagram e deixamos que o sucesso dela nos convença a não buscar algo para nós mesmas. A gente não se permite escrever aquele livro, abrir aquele negócio, desenvolver aquele aplicativo ou fundar uma ONG porque alguém já fez isso.

Tudo já foi feito antes.

É claro que já. Amiga, absolutamente tudo já foi feito antes. Para ser franca, tudo o que soa interessante, legal ou que dá vontade de experimentar não é novidade! Então, por que deixamos que isso nos atrapalhe quando estamos em busca de algo realmente importante?

Porque precisamos de uma desculpa.

Por favor, note que não chamei esta parte do livro de "Os verdadeiros obstáculos a serem superados". Intitulei de "Desculpas para deixar pra lá". O fato de alguém já ter feito o que você está sonhando fazer não deve ser um impedimento, e sim um sinal de que você está no caminho certo.

Olhe a Suzy vendendo seus paninhos rendados multicoloridos na internet – prova de que fazer e vender artesanato on-line é gratificante e divertido.

Como assim? Sua prima Emily já está fazendo o maior sucesso com vendas diretas numa empresa de joias? Ah, acho que isso significa que essa empresa é realmente um lugar incrível para fazer contatos e conseguir uma renda extra!

Mas, em vez de encarar o sucesso ou a criatividade dos outros como uma coisa boa, um sinal de que é importante buscar algo mais para sua vida, você decide que tudo não passa de uma competição e prefere não tentar porque pode não ser tão boa quanto a concorrência. Claro que, em parte, isso tem a ver com a sensação de inadequação, mas também com o jogo doentio da comparação.

Uma das mensagens que as mulheres costumam me enviar é: "Amei o seu livro e adoraria ser uma escritora, mas nunca conseguirei escrever como você." Outro exemplo: "Sempre quis falar em público, mas não sou tão boa quanto você."

Por favor, parem de comparar o seu começo com o meu meio! Ou, nesse sentido, com o de qualquer outra pessoa. Vocês estão lendo o meu oitavo livro, e, embora o texto não seja digno do Pulitzer, ele está, em termos técnicos, a anos-luz de distância do primeiro que publiquei. Vocês já olharam meu Instagram e me acharam estilosa? Olhem as postagens antigas – só por diversão – e vejam a fase em que eu estava descobrindo meu estilo ou como eu parecia um robô nas fotos. Aproveitem e confiram também o meu blog. Algumas publicações são muito chatas. Vocês me acham uma boa oradora? Por favor, assistam a meus vídeos antigos no YouTube, especialmente àqueles em que estou falando para mães de crianças em fase pré-escolar e para idosos de uma casa de repouso (não estou brincando!). Faço questão de manter os conteúdos antigos nos meus *feeds* e no site porque, se em alguma noite você estiver navegando e encontrar algo dos meus primórdios na internet, quero que veja como progredi. Eu *não* nasci assim. E a pessoa com quem você está se comparando? Ela também não. Você prefere nem tentar porque acha que tudo já foi feito. Bem, claro que já. Mas ainda não foi feito *por você*.

Há um provérbio chinês que diz: "O melhor momento de plantar uma árvore foi há 20 anos. O segundo melhor momento é agora."

Você pode decidir não fazer o que gostaria ou pode decidir que seu sonho é mais poderoso do que suas desculpas.

A questão não é saber se você é capaz de fazer algo bem – porque quase tudo pode ser aprendido. A questão é saber se você é humilde o suficiente para aguentar o tempo que for necessário para se aprimorar. A habilidade de escrever bem, falar bem, fotografar, dançar ou o que quer que seja pode ser aprendida e aprimorada com o tempo. Mas você nunca vai ficar boa, melhor ou ótima se não tentar. Não sei se você pode vir a escrever como Brené Brown ou a tirar fotos como Jenna Kutcher. Amiga, não é possível determinar quando você vai cruzar a linha de chegada se você sequer comparecer à corrida!

Você está optando por não fazer algo que sequer tentou porque acha que não está à altura do trabalho feito por outra pessoa. Essa desculpa não tem a ver com sua capacidade, e sim com seu medo. Esse tipo de medo se revela de maneiras diferentes, por isso fique à vontade para se identificar com a descrição em que se encaixa da melhor forma, e permita que eu fale algumas verdades por aqui.

Você tem medo de fazer tudo errado porque... nunca fez isso antes. Deixe-me ajudar você a se livrar desse medo. Você *vai* fazer algo errado. Toda iniciante faz. Se você fosse um prodígio, algum professor dedicado teria identificado isso em você há muito tempo. Todo mundo viu *Mentes perigosas*. Se Michelle Pfeiffer não viu potencial em você até agora, não se preocupe em ser perfeita logo de cara. A pressão para você ser perfeita nesse momento é zero, então trate de se divertir e se aprimorar. Seu potencial de aperfeiçoamento é exponencial.

Você tem medo de fazer tudo errado porque... você fracassa em tudo, então por que seria diferente agora? Deus todo-poderoso! É assim mesmo que você fala consigo mesma? Jura? Para começar, pare com isso! Você é linda e merece tudo de bom, mas precisa acreditar nisso, do contrário ninguém acreditará. Depois, pegue meu último livro e leia sobre as mentiras que estão magoando você. Esse tipo de crença é destruidor e falso. Antes de escolher um novo objetivo, reveja o modo como fala consigo mesma e as coisas que acredita merecer. Primeiro, aprenda a se amar e dê a si mesma um voto de confiança. Depois, corra atrás de mais.

Você tem medo de fazer tudo errado... e, se nunca tentar, ninguém, principalmente você, poderá confirmar isso. Alerta de spoiler: esse tipo de pensamento não é típico de uma pessoa fracassada que não é boa em nada. Esse pensamento é típico de um perfeccionista. E, na verdade, é patético. Você tem um potencial incrível, mas vai desperdiçá-lo porque a tentativa pode confirmar ou não que você não é tão boa quanto achava que era. Pare de ser tão dura consigo mesma! É como aquele episódio de *Uma galera do barulho,* quando Jessie não resistiu à pressão entre fazer todos os trabalhos escolares e a vontade de estar com sua banda, a Hot Sundae. Jessie era perfeccionista, mas, em vez de dizer que não ia dar conta de fazer tudo ou admitir o fracasso, ela se viciou em drogas e teve aquele colapso enquanto cantava "I'm So Excited", das Pointer Sisters. Não faça como Jessie Spano. Se você tentar alcançar seu objetivo, provavelmente vai fracassar por um tempo (ver o parágrafo sobre os erros de todo iniciante), mas isso não vai durar para sempre. Você vai se esforçar para melhorar e nem vai precisar de drogas estimulantes para conseguir.

Veja aqui a ironia em relação a essa desculpa: mesmo que você se force a enfrentá-la, vai se deparar com ela pelo resto da vida. Quando estamos no início do caminho para o crescimento pessoal ou buscando um objetivo, muitas vezes temos expectativas irreais sobre o que vai acontecer quando "chegarmos lá". Por exemplo, você pode criar a falsa expectativa de que, se tiver coragem de fazer uma determinada coisa, você se tornará imune à insegurança e à indecisão para o resto da vida. A realidade é que toda nova montanha que você tenta escalar tem grande chance de já ter sido conquistada antes.

Toda. Nova. Montanha.

Isso significa que, quando você alcançar esse grande objetivo à sua frente – ou seja, quando chegar ao cume (sim, me empolguei na analogia) –, você verá outra cadeia de montanhas ao longe. Na verdade, você perceberá que sua montanha foi apenas o primeiro passo de algo maior e melhor. Objetivos pessoais são infinitos... e viciantes. Uma vez que conquista um, você começa a se perguntar do que mais seria capaz.

A resposta? Qualquer coisa que você se determinar a fazer.

Mas primeiro você tem que superar esse embate com a comparação. Porque, amiga, se não conseguir superar o medo de não se sair tão bem quanto os outros, você nunca terá a oportunidade de desbravar os caminhos para quem vier depois.

À medida que trabalho neste livro, faço algo que muitas outras pessoas já fizeram antes. Também não tenho qualificação alguma para realizar algo tão grandioso. Muito em breve o documentário que filmamos sobre minha palestra "Rise" deve passar nos cinemas da América do Norte. Quero dizer, quem eu penso que sou? Bem, posso dizer quem eu não sou. Não sou cineasta ou profissional da indústria cinematográfica e, quando começamos esse projeto, eu não tinha ideia de como o realizaríamos. É a coisa mais ousada que já tentamos fazer, e o filme vai ocupar espaços – salas de exibição e, depois, serviços de *streaming* – que estão completamente saturados. Mais do que isso: se até mesmo profissionais da área às vezes fracassam, por que pensei que teríamos alguma chance? Para ser franca, ganhar dinheiro com o projeto não foi o que me motivou a querer fazê-lo. Na verdade, acho que, se tivesse me concentrado no possível sucesso, teria começado a pensar enlouquecidamente na minha total falta de qualificação para realizar algo do tipo. Na verdade, o que me motivou a tentar fazer algo tão fora da minha zona de conforto foi... você.

Enquanto planejávamos a palestra no ano passado, recebi milhares de e-mails e mensagens de mulheres dizendo quanto queriam participar da "Rise" e quanto significaria para elas a oportunidade de estar com o nosso público. O problema não era a vontade que tinham de participar, mas sim sua capacidade financeira. É caro assistir a uma palestra por causa da viagem, dos preços de hotéis e do alto valor dos ingressos, necessário para cobrir o aluguel de um espaço tão grande. Muitas mulheres não têm como encaixar essa quantia no orçamento, e eu levei isso a sério. Crio conteúdo há quase uma década e o compartilho gratuitamente, então a ideia de vocês não poderem acessar algo em que acredito tão apaixonadamente de fato me entristece. Passei meses tentando descobrir uma maneira de oferecer a palestra e o poder de alcançar o crescimento pessoal para as mulheres a um preço que elas pudessem pagar. Um dia, em uma reunião por telefone, alguém falou em *event cinema*, nome chique que deram a transmissões de um evento ao vivo (como um espetáculo de balé ou um show do Justin Bieber) em cinemas em um circuito limitado. "Eita", pensei. "Se Bieber pode fazer isso, com certeza eu também posso!" Fiz a mim mesma a pergunta: "E se...?"

E se fizéssemos um filme sobre o fim de semana "Rise"?

E se eu pudesse arranjar um parceiro que nos ajudasse a colocar "Rise" nos cinemas?

E se eu pudesse dar à minha tribo a oportunidade de ter uma noite só para garotas na sua própria cidade?

Espero que você perceba como essa ideia era maluca. Não sabíamos como fazer um filme, como entrar no circuito de cinemas, muito menos as centenas de etapas entre uma coisa e outra. Éramos o pior tipo de ignorantes – não sabíamos que não sabíamos. Mas eu não perdi tempo me preocupando com a falta de conhecimento e, honestamente, nem me ocorreu saber quem fez melhor ou como o projeto seria recebido. Não estava focada no que era externo a mim, mas sim no *porquê*. O *porquê* era poderoso e me deixou apaixonada a ponto de querer descobrir *como*.

Se você se preocupa com o fato de alguém já ter feito algo antes, veja isso pelo lado positivo. Se alguém já tiver feito o mesmo que você pretende realizar, você pode pesquisar, reproduzir o comportamento e testar suas próprias teorias usando o roteiro que já existe como uma espécie de orientação. Você pode combinar o *como* com o *porquê* e criar algo épico.

Desculpa 8

O QUE AS PESSOAS VÃO PENSAR?

Comecei a lutar boxe.

E só para que fique claro, não me refiro a treinar boxe numa academia comum, mas numa academia de boxe de verdade, que é suja, fedorenta e toca Metallica bem alto como se isso fosse uma exigência do esporte. Fiz apenas alguns treinos até agora, portanto, até onde eu sei, tudo isso é uma exigência do esporte. O que quero dizer é que estou sendo treinada por alguém cuja função é ensinar lutadores de verdade a trocar socos.

A academia que frequento para treinar boxe não é nada bonita. O treino é cansativo e muitas vezes eu tenho a sensação de que vou morrer no ringue ou vomitar a vitamina do café da manhã. Não consigo me adaptar. Imagine uma sala suja, cheia de Minotauros e eu, do alto do meu 1,57m, com um megahair e cílios postiços excessivamente dramáticos. Lá estou eu, 35 anos, mãe de quatro filhos, tentando ao máximo me esquivar dos socos e evitar que o treinador me dê uma surra. Não sou muito boa nisso e, como nunca assisti a uma luta de boxe, não sei exatamente qual é o objetivo. Então, por que faço isso? Por que continuo treinando com pessoas muito mais preparadas do que eu? Por que fico em uma sala que não combina comigo e continuo tentando aprender algo para o qual não tenho muita habilidade, enquanto os outros assistem, criticam e tiram suas próprias conclusões?

Porque isso me faz feliz.

Gosto de trocar socos, de me exercitar ouvindo Jay-Z e de virar meu boné para trás como um garoto. Adoro boxe, e adoro experimentar algo novo. Aqui está o perigo: não me importo com o que os outros pensam disso.

Talvez você leia isso e pense: "Ok, grande coisa! Você está à vontade em sua academia de boxe. Não sei como isso pode me ajudar a encontrar coragem para abrir uma empresa de fotografia para casamento!" Bem, que tal isto? Há dois tipos de pessoas no mundo: as que não julgam, que nunca criticarão você por nada que você faça, independentemente do resultado; e as que julgam, que são idiotas. Essas idiotas provavelmente estão lidando com seus próprios problemas e por isso vamos rezar por elas, mas no fundo elas a julgarão não importa o que aconteça! Como você será criticada de qualquer forma, pode muito bem seguir adiante. Tocar a vida. Ser fiel a si mesma, ao que você valoriza, sem dar importância à forma como isso será recebido.

Nas segundas-feiras meus filhos têm aula de karatê. Nos outros dias, treinam beisebol e aprendem a tocar piano e depois treinam karatê novamente. Talvez eles tenham um teste para o musical da escola. Pode ser que participem de um jantar beneficente de apoio à associação de pais e mestres. Pode ser que eles marquem de brincar com amigos ou tenham consulta no dentista ou precisem ir (pela milionésima vez) ao salão para cortar o cabelo. Há tantas coisas para fazer quando você tem quatro filhos, e nem sempre me lembro de tudo, por mais que eu tente.

Ontem, a escola me ligou para dizer que Ford é a única criança (entre todas as recém-chegadas ao jardim de infância) que ainda não teve a documentação toda entregue. Gente, eu nem sabia a que documentação ela estava se referindo! O que me faz retomar o tema do treino de karatê. O treino em que meus filhos se esforçam para conseguir mudar de faixa demora duas horas (não incluindo o tempo de deslocamento). São duas horas em plena tarde de um dia de semana, quando eu tecnicamente deveria estar trabalhando. Como quero que os meninos tenham a oportunidade de fazer algo legal, e não quero que minha agenda seja um empecilho (algo que acontece com mais frequência do que eu gostaria), quando consigo sair cedo, faço questão de levá-los para o treino. Nesses dias, eu me sento no tatame azul, entre garrafas d'água e sandálias de borracha, abro o meu laptop e começo a responder e-mails de trabalho ou a editar os textos que preciso entregar às sextas-feiras ou a revisar o cronograma de alguma das nossas transmissões.

Nesse momento, começo a ser alvo de olhares dos outros pais.

Agora talvez eu esteja sendo presunçosa. Talvez aqueles olhares sejam realmente porque eles gostem da capa do meu computador ou achem que meu cabelo fica especialmente bonito preso daquele jeito. Mas, se eu tivesse que adivinhar, diria que os olhares são mais porque estou trabalhando quando deveria estar inteiramente dedicada a assistir aos meus filhos aperfeiçoarem seu chute frontal. Alguma parte insegura de mim – aquela que costumava se preocupar um pouco sobre o que as outras mães pensavam do meu estilo de maternidade – pensa em fechar o computador. Mas, então, essa é a compensação, ou talvez *bônus* seja uma palavra mais adequada.

Muitas mães que trabalham fora adorariam acompanhar os treinos dos filhos, mesmo que estivessem criando uma planilha no Excel enquanto as crianças distribuem golpes de karatê ao som da trilha de Pokémon. Que dádiva eu conseguir ter essa experiência! Portanto, não vou fechar o laptop. Lembrei a mim mesma que isso faz parte do plano, que meus meninos sempre saberão o que é dedicação e trabalho duro. Lembro a mim mesma que quando eles forem adultos nunca lhes ocorrerá que uma mulher não possa criar, desenvolver e dirigir uma empresa de sucesso porque isso sempre foi parte da sua realidade.

Se Deus quiser, sou a única mãe que meus filhos terão e, honestamente, não conheço outra maneira de isso tudo funcionar – para todos nós – sem fazer várias coisas ao mesmo tempo. Portanto, eu me recuso a ensinar a meus filhos que a pessoa deve tentar realizar os seus sonhos, mas ao mesmo tempo se envergonhar deles. Se não quero isso para eles como adultos, preciso ter um comportamento exemplar agora. Não posso me preocupar com o que as outras mães do treino pensam de mim, assim como você também não pode se preocupar com o que as outras mães, seus sogros ou a associação de pais e mestres pensam de você. Tudo o que você pode fazer como uma mãe que trabalha fora é dar o seu melhor. Tudo o que você pode fazer como recém-formada na universidade é dar o seu melhor. Tudo o que você pode fazer como cinquentona divorciada é dar o seu melhor. Tudo o que você pode fazer em qualquer etapa ou fase da vida é dar o seu melhor; e a opinião de outra pessoa sobre como ou o que você está fazendo simplesmente... não é da sua conta.

Você sabe disso, amiga. Então, por que os seus sonhos ainda estão escondidos no seu coração, em vez de tomando forma e virando realidade? Não é o medo de fracassar que mantém você paralisadas, e sim o medo do que as outras pessoas vão pensar do seu fracasso.

Quando você se preocupa demais com a opinião de outras pessoas (que chamo de OOP), acaba abrindo mão do seu poder.

A opinião das outras mães da escola? A opinião dos Hulks da minha academia de boxe? A opinião de estranhos na internet, dos meus pais ou mesmo das minhas fãs? Sempre que dou um peso excessivo a qualquer uma delas, minhas prioridades se desorganizam. Quando as expectativas de outras pessoas começam a ditar suas ações, você está perdida. Sua esperança, seus sonhos, sua individualidade... tudo se perde.

Você quer fazer progressos reais para você e seus objetivos este ano? Pare de se preocupar com o que "os outros" pensam de você. Pare de dar poder às opiniões dos outros.

Quando digo algo assim, sempre sou questionada sobre a possibilidade de manter nossa integridade se não tivermos um termo de comparação. Em primeiro lugar, você sabe o que é certo e errado. Você sabe o que é verdadeiro. No fundo, você sabe qual é a melhor forma de viver sua vida. Você nem sempre chega lá, mas sabe pelo que está lutando. Portanto, não subestime isso.

Em segundo lugar, se você for mesmo abençoada, terá amigas e confidentes de verdade na sua vida. A sabedoria dessas pessoas será como um aconselhamento e você pode procurá-las sempre que precisar. Mas – e é aqui que as pessoas se enganam – há uma grande diferença entre querer a opinião de alguém e precisar da aprovação de alguém. A última se faz passar pela primeira. Pedimos uma opinião porque estamos nos sentindo inseguras sobre algo, e, muitas vezes, quando encontramos alguém que concorde, justificamos a ideia como boa ou ruim.

Cometi esse erro ontem com meu marido. Ele é o meu melhor amigo e conselheiro, e eu ainda precisava separar sua opinião daquilo que eu realmente queria. É que eu tenho essa ideia para um novo livro. Um novo livro de ficção. Não escrevo ficção desde que entreguei a série *Girls*, mas (como muitas vezes acontece quando você está no meio de um livro) comecei a sonhar com a obra seguinte. Em parte, isso acontece porque estou em uma fase criativa, mas principalmente porque escrever livros (não importa quantos você já escreveu) é superdifícil. A fantasia sobre terminar de escrever o atual e começar o seguinte é a cenoura que você oferece a si mesma para avançar na fase da escrita. Portanto, esse novo romance é a minha cenoura, e eu me animei a ponto de contar a Dave sobre isso. Só que, ao fazer isso, eu me abri para ouvir opiniões.

Para ele, a trama parecia meio complicada. Ele disse isso da maneira mais legal possível, apenas um pensamento inofensivo como parte de uma rápida troca de ideias. O problema não foi ter dado uma opinião, o problema foi que eu imediatamente comecei a adaptar minhas ideias sobre o livro. Comecei a me perguntar se ele podia estar certo e eu errada, e se deveria simplesmente desistir. Mas a verdade é que... não importa.

Não importa se Dave está certo. Não importa se os especialistas estão certos. Não importa o que os outros pensam ou acreditam. A ideia, o sonho e o objetivo são meus. A partir do momento em que procuro outras pessoas em busca de validação, começo a perder energia e força. Quando você está nos estágios iniciais de uma ideia ou de um objetivo, fica mais insegura, o que significa que é mais influenciada pelo que as outras pessoas pensam ou acreditam. Ao permitir que opiniões alheias modifiquem seus planos, você pode ser mais facilmente influenciada a desistir de uma ideia que amaria realizar ou mesmo a mergulhar de cabeça em uma ideia da qual poderá inclusive se arrepender.

É o mesmo que pedir que alguém revise ou critique o primeiro rascunho do seu manuscrito quando você ainda está na metade do processo de escrita. Quando peço que alguém leia um projeto inacabado é porque estou buscando validação. Normalmente é porque eu estou encontrando dificuldades e me achando uma péssima escritora, então quero ouvir a opinião de alguém que admiro me incentivando a continuar. A verdade é que nenhuma validação externa será suficiente para te impulsionar a terminar o primeiro rascunho. Nenhuma validação vinda de outra pessoa será suficiente para que você siga em busca do seu sonho. Mesmo o treinador mais encorajador do mundo não tem como fazer você cruzar a linha de chegada. Você terá que encontrar em si mesma essa determinação e tentar realizá-la sozinha.

Mas que mal há? Se você consegue chegar até o fim sozinha, qual o problema em procurar alguém para validar sua ideia no início? Porque, embora outras pessoas não possam te ajudar a terminar seu projeto, elas certamente podem te convencer, ainda que involuntariamente, a desistir.

Gostaria de poder estalar os dedos e fazer com que você não se sentisse mais presa ao peso das opiniões e das expectativas alheias, mas eu sei que não é assim tão fácil. É um hábito difícil de mudar, só não se engane: é um hábito e uma escolha. Podemos optar por não permitir esse peso nas nossas vidas, mas, como estamos todas provavelmente trabalhando com opiniões negativas, também precisamos aprender a nos desvencilhar das negatividades que já existem. E isso começa com a compreensão clara do tipo de opiniões com que estamos lidando.

Existem dois tipos de opiniões negativas: as concretas e as abstratas. A opinião concreta significa que você sabe com certeza que a crítica negativa está lá. A pessoa diz na lata as coisas que desaprova em você. Pode ser alguém da família, uma amiga ou até mesmo um estranho na internet. As opiniões concretas são dadas de duas maneiras. Me acompanhe nesse fluxograma. Prometo que vamos chegar a uma conclusão.

A primeira apresentação possível de uma opinião negativa é atenciosa e gentil. É dada por alguém que se preocupa com você e com a decisão que você está tomando. Mesmo que esse alguém seja uma pessoa bacana, há um monte de nuances aqui. A crítica de fato diz respeito a você? Ou a preocupação dos outros está baseada na percepção de que o que você está fazendo é errado?

Lembra-se da nossa conversa sobre as percepções das outras pessoas sobre o que é vergonhoso? Por favor, veja o meu fluxograma de OOP para saber como proceder nesse caso.

OPINIÕES DE OUTRAS PESSOAS: UM FLUXOGRAMA

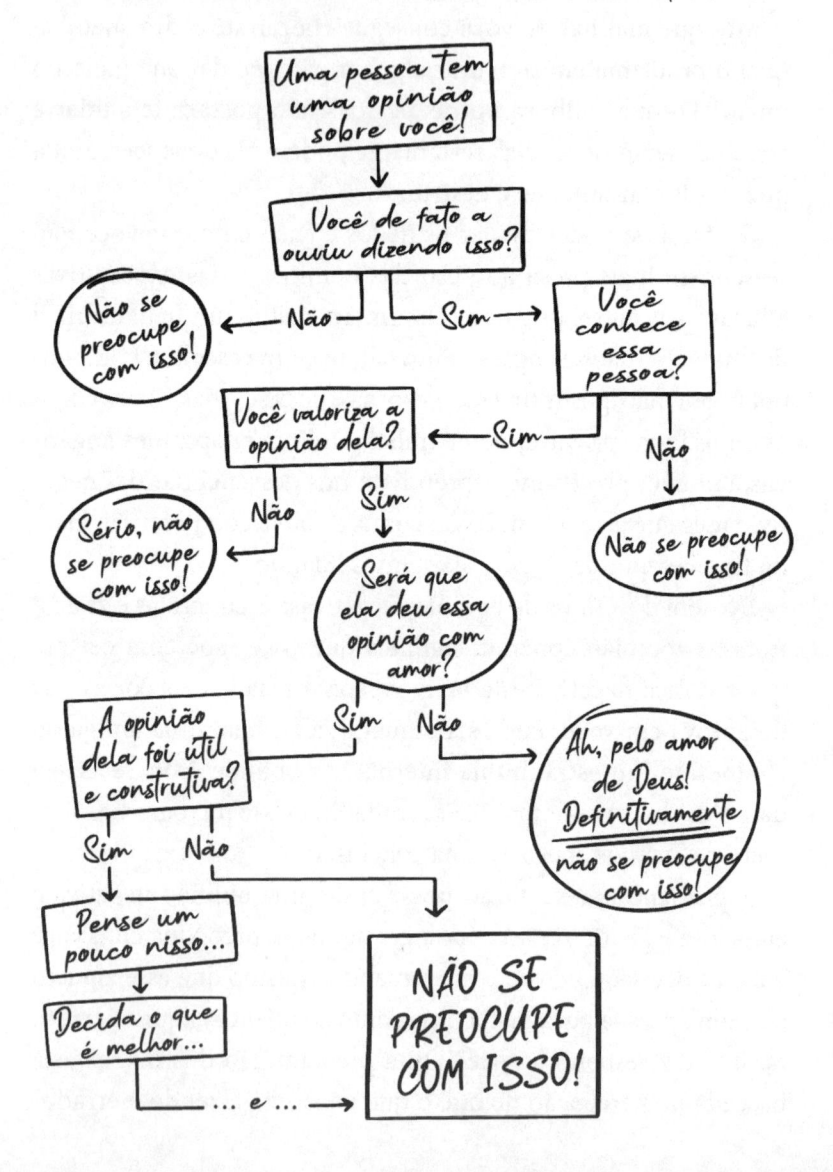

Uma pessoa tem uma opinião sobre você!

↓

Você de fato a ouviu dizendo isso?

- Não → Não se preocupe com isso!
- Sim → Você conhece essa pessoa?
  - Não → Não se preocupe com isso!
  - Sim → Você valoriza a opinião dela?
    - Não → Sério, não se preocupe com isso!
    - Sim → Será que ela deu essa opinião com amor?
      - Não → Ah, pelo amor de Deus! Definitivamente não se preocupe com isso!
      - Sim → A opinião dela foi útil e construtiva?
        - Não → NÃO SE PREOCUPE COM ISSO!
        - Sim → Pense um pouco nisso... Decida o que é melhor... ... e ... → NÃO SE PREOCUPE COM ISSO!

A opinião negativa de alguém sobre você pode chegar também de outro modo, um modo ofensivo. Isso acontece quando quem está dando a opinião – um membro da família, um amigo, um estranho – não tem a intenção de oferecer um feedback construtivo, de demonstrar preocupação, muito menos de ajudar você a melhorar. Sua intenção, na melhor das hipóteses, é provocar e menosprezar. Na pior, destruir ou magoar. De qualquer maneira, ninguém tem tempo para isso! Na sua vida não há lugar para um comportamento assim.

Entendeu? Esse comportamento não tem espaço na sua vida. Não me interessa se é sua irmã, sua mãe ou seu namorado. Ninguém merece ser agredida verbal e mentalmente, e toda vez que você permite que isso aconteça está dando a essa pessoa permissão para te tratar assim. Você não é obrigada a aceitar isso só porque sempre aceitou.

Recapitulando, temos dois tipos de opiniões negativas concretas. A primeira é afetuosa, então você agirá como adulta e a levará em conta, mas não a aceitará como verdade absoluta, a menos que ache pertinente. A segunda não tem a intenção de ser útil, e sim destrutiva, portanto você deve rejeitá-la. Rejeite-a! Não deixe que ela seja considerada, discutida, absorvida, muito menos que receba uma única partícula de oxigênio para ajudar na propagação desse fogo. Qualquer opinião apresentada sem amor não deve ser considerada. Ponto-final.

O que me traz ao segundo tipo de opinião negativa com que podemos nos deparar. A abstrata. O fruto da sua imaginação – não importa quanto ele se aproxime da realidade – e a negatividade que você inventou sozinha. Eleanor Roosevelt disse que ninguém poderia nos fazer sentir mal sem o nosso consentimento. Vou acrescentar algo: tenha muito cuidado para não deixar que sua mente faça você se sentir mal quando ninguém fez nada para isso. O que quero dizer?

Talvez você tenha *quase certeza* de que sua sogra não gosta de você. Talvez você esteja *praticamente certa* de que o post malicioso de sua prima no Facebook foi direcionado a você. Talvez você tenha certeza de que suas colegas de ensino médio que agora você encontra apenas nas redes sociais a *ridicularizariam* se percebessem que você está tentando fazer algo novo. Em todos esses casos, nenhuma dessas opiniões negativas se justifica – o que significa que você está apenas se autossabotando.

Ninguém disse nada. Ninguém fez nada. Talvez sua nova sogra de fato não goste de você, ou talvez ela só sinta falta do filho e fique apreensiva sobre como se encaixará na vida dele. Talvez sua prima estivesse mesmo te mandando uma indireta, mas nós duas sabemos que ninguém merece essa sua prima! Essa é a pessoa cuja opinião te preocupa?

A ironia é que, na maioria das vezes, ninguém está pensando em você. Ninguém realmente se importa com o que você está fazendo e, caso se importem, não estão te julgando ou ridicularizando pelas costas.

E, se eles não gostarem mesmo de você, não importa. Não-im-por-ta. Mais do que isso, supondo que alguém tenha uma péssima opinião a seu respeito, mas que você não tenha nenhuma prova que sustente isso, o problema não é o outro – o problema é você. Você está deixando a opinião dos outros controlar a sua vida, sendo que nem sabe de fato se eles têm uma opinião a seu respeito! Está tudo na sua cabeça. Você está apenas concluindo e culpando as outras pessoas para não ter que assumir a responsabilidade.

A verdade é que não importa o que eles pensam sobre você. O que importa é o que *você* pensa sobre você. Por mais difícil que seja ficar em paz com isso, a opinião de outra pessoa só ganha força se você permitir. Aprender a viver sem se preocupar com o que os outros pensam será a decisão mais libertadora da sua vida.

Desculpa 9

GAROTAS BOAZINHAS NÃO SÃO AMBICIOSAS

"I'm a hustler, baby" – Jay-Z

Você não odeia quando um autor inicia um capítulo com uma epígrafe? Como leitora voraz, já li aproximadamente 70 mil livros, e essa história de citar outros autores nas aberturas sempre soou um pouco como autopromoção para mim: "Ah, leia esse trecho elegante de Tennyson que eu estou citando e prepare-se para encontrar em mim um talento semelhante ao dele!" É ainda mais irritante quando a tal citação não tem nada a ver com o capítulo que você está lendo.

Nada. Mesmo!

Então você se pergunta: "Isso é sério? Eu deveria entender a correlação entre uma frase de Whitman e essa história de amor com gente que vira dragão?" Você ficaria surpresa ao saber a quantidade de livros sobre vampiros que se apaixonam por mães solos ou sobre alienígenas que se apaixonam por bibliotecárias que começam cada capítulo com uma citação aleatória.

Sim, eu li romances bizarros e melodramáticos. Não me julgue.

A questão é que odeio citações encabeçando capítulos.

Mas o tema deste capítulo foi um bônus no último livro – valeu, todo mundo que comprou a edição especial! –, e eu gostei tanto e achei um assunto tão importante que tive a ideia de escrever *este livro*. Portanto, vamos começar com a frase mais marcante sobre ambição que eu consigo pensar: um verso de Jay-Z.

Um capítulo bônus é como Equestria (o país fictício de *Meu pequeno pônei*) ou uma festa de aniversário das Kardashians – *qualquer coisa* pode acontecer ali. Então, estou apresentando a letra da música de Jay-Z apenas para as garotas que estão tentando realizar seus sonhos, que querem algo mais e não têm medo de trabalho duro ou objetivos audaciosos!

Vamos falar sobre ambição!

Tenho superado todas as expectativas desde que me conheço por gente. Sempre fui sonhadora. Eu imaginava cenários mirabolantes para meu futuro. Eu sabia como seria minha mansão, podia prever as férias de que desfrutaria, o príncipe com quem eu me casaria e os cavalos que possuiria. Sim, cavalos! Eu tinha 7 anos e ter minha própria égua era a suprema fantasia. Eu a chamaria de Calliope e só a montaria vestindo as calças cáqui especiais que as meninas ricas usavam nos filmes dos anos 1990.

Uma garotinha sonhar acordada não é nada especial, mas talvez o especial fosse eu saber, já naquela época, que poderia conseguir qualquer coisa – se estivesse disposta a trabalhar para isso.

Não lembro se alguém me falou essas coisas. Talvez eu as tenha percebido pela observação e por osmose. Quando você cresce em uma casa com dificuldades financeiras, isso não incomoda até que você seja confrontada com a situação oposta. Concluí muito jovem que havia pessoas que não dependiam do salário para viver, que não gritavam umas com as outras por causa de dinheiro, que podiam entrar numa loja cara e comprar o que quisessem.

Eu tinha 11 anos quando meus objetivos para o futuro se consolidaram. Meus pais estavam novamente falidos – isso aconteceu tantas vezes ao longo da minha vida que, honestamente, não sei dizer qual foi aquela. A diferença neste caso foi que minha mãe decidiu se mudar e insistiu para que eu fosse com ela. Ninguém me perguntou o que eu queria ou pediu a minha opinião. Eles simplesmente anunciaram o que estava acontecendo. Meus três irmãos mais velhos ficariam com meu pai na nossa casa e eu me mudaria para um apartamento horroroso com a minha mãe. Foi um dos anos mais sombrios da minha infância.

Eu raramente via meus irmãos, e a tensão financeira de pais que agora dividiam os recursos para pagar por dois lugares para viver significava que tínhamos ainda menos do que antes. Tenho uma foto da minha festa de aniversário de 11 anos com um grupo de amigas da escola nesse apartamento degradado e maltratado. Lembro que senti vergonha. Lembro do bolo de caixinha feito em um tabuleiro velho. Lembro que não podíamos pagar por enfeites. Lembro de ter consciência plena de duas coisas. Primeiro, estava certa de que eu não queria uma vida sem dinheiro para as ocasiões especiais. Segundo, me dei conta de que não é muito convincente impor sua independência – da minha mãe, neste caso – se você não tem os meios financeiros para mantê-la.

Jurei a mim mesma *naquele dia* que eu seria rica quando crescesse. Foi o desejo que fiz na hora de apagar a vela. Eu estava naquela sala minúscula, com carpete manchado, em frente à mesa com cavaletes, e prometi a mim mesma algo melhor. "Nunca viverei assim quando tiver como evitar isso." Fui veemente: um dia eu seria rica.

Eu não deveria dizer isso, eu sei. As redes sociais estão cheias de CEOs do sexo masculino e empreendedores autodidatas que ostentam o poder do dinheiro e a justificativa por serem bem-sucedidos. Mas se você é mulher, é malvista. É indelicado que uma mulher diga essas coisas; não é algo que *garotas boazinhas* façam.

Garotas boazinhas não falam sobre dinheiro e certamente não o reivindicam como um objetivo de vida, independentemente de suas razões.

O que aprendi na infância? "Foi isso que você ganhou e não reclame."

Isso significava que eu devia estar feliz com o que a vida gentilmente me desse e agradecer por tudo que me acontecesse. Mas o que estava acontecendo na minha infância e, mais tarde, na adolescência era uma vida em geral ruim e, como eu era criança, não podia fazer nada para mudar aquela realidade. Só que, depois daquela festa de aniversário, eu sabia que, assim que eu assumisse o controle, nunca mais seria forçada a me conformar novamente.

Existe uma *grande* diferença entre gratidão pela sua vida e aceitação cega de tudo o que acontece com você.

Eu queria mais.

Eu queria mais do que tinha recebido na minha criação. Eu queria mais acesso. Mais experiências. Mais conhecimento. Mais desafios. Mais influência. Eu queria poder ajudar quem tinha problemas financeiros porque sabia exatamente como essas pessoas se sentiam – eu entendia, mesmo naquela época, que o dinheiro possibilitaria tudo isso. Eu queria coisas importantes e grandiosas. Quando eu era criança, as pessoas achavam isso charmoso. Me davam tapinhas na cabeça e diziam como isso era valioso, mas aos 20 e poucos anos eu aprendi rapidamente o que era permitido e o que não era permitido pela minha família, pelos meus amigos ou pelo meu marido.

Quando criei a minha empresa, todo mundo saudou minha coragem, mas dois anos mais tarde, ao ficar grávida do meu primeiro filho, as pessoas imediatamente perguntaram quando eu ia desistir. O negócio, concluíam elas, era apenas essa coisa fofa que eu estava fazendo para me manter ocupada até que meu verdadeiro chamado começasse: ser mãe e dona de casa.

Vale a pena fazer uma pausa para qualificar essa afirmação. Sinceramente acredito que não há trabalho mais difícil e importante do que ser mãe e dona de casa. Tenho muito respeito pelas minhas amigas que tomaram essa decisão, e não estou nem por um segundo insinuando o contrário quando digo que não é para mim. Meus filhos são, juntamente com meu marido, minhas maiores bênçãos. Mas, gente, se eu tivesse que ficar em casa com eles em tempo integral, não sei se algum de nós sobreviveria. Não é minha vocação espiritual. Não está entre as minhas habilidades.

Você sabe quais *são* as minhas habilidades? Criar um negócio bem-sucedido, gerenciar uma equipe, escrever livros, dar palestras, arrasar nas redes sociais, elaborar estratégias, criar e fortalecer marcas, atuar em relações públicas e planejar eventos ao vivo que atraem milhares de mulheres de todo o mundo em busca de inspiração. Só que, àquela altura, nenhuma dessas coisas estava comprovada. Eu ainda era muito nova no negócio. Tinha apenas uma ideia na cabeça e energia para dar e vender. Estava descobrindo como administrar uma empresa usando o Google e os livros da biblioteca. Fiz 100 mil perguntas a qualquer um que oferecesse conhecimento.

O início foi lento, mas, cara, eu estava avançando. Consegui meu primeiro cliente e trabalhei até não poder mais. Tratei aquele único cliente como se fosse a minha última oportunidade. Sem dinheiro e com pouca experiência, eu tinha uma ética profissional inigualável e a deixei brilhar. Consegui o segundo cliente graças à indicação do primeiro. Fiz eventos praticamente de graça para construir uma carteira de clientes. Eu aceitava qualquer um que encontrava.

Era basicamente assim: "Você está respirando *e* precisa organizar uma festa? Não diga! Conte comigo!"

Então, quando engravidei e tive que explicar várias vezes as minhas decisões para os bem-intencionados membros da família, foi um saco. Pela primeira vez em toda a minha vida eu entendi que as *outras pessoas* não concordavam com a vida que eu imaginara para mim. Elas não gostavam da ideia de uma mãe que trabalhava fora, mesmo que inicialmente tivessem aceitado, pois precisávamos do dinheiro. Alguns anos mais tarde, quando o salário do Dave aumentou a ponto de eu não "precisar trabalhar", as pessoas de comportamento passivo-agressivo ao meu redor começaram a verbalizar seu desagrado. Mesmo quando você é forte, mesmo quando você está comprometida com seu objetivo, é difícil não duvidar de si mesma ou sentir-se culpada ao ser atacada por todos os lados.

A desaprovação pública não foi suficiente para me fazer mudar de trajetória, mas acabei perdendo as rédeas. Eu só percebi anos depois, mas essas opiniões me desgastavam. Eu era como um caco de vidro que é jogado no oceano. As opiniões dos outros eram as ondas, e suas críticas, a areia na qual eu era jogada repetidas vezes até que o impacto começou a alisar todas as minhas bordas irregulares. Sei que, como sociedade, tendemos a achar que a suavidade, a beleza e tudo o que é lapidado e arredondado pelo tempo é o que devemos idealizar. No entanto, quanto mais eu amadureço, aprendo e reflito sobre isso, mais entendo que as bordas irregulares – as partes de você que apontam para direções estranhas e não agradam a ninguém – são as que nos tornam únicos.

Quais são as minhas características singulares? Sou uma líder. Sou uma professora. Criei duas empresas de sucesso com trabalho duro, ambição e riqueza de conhecimentos que podem ser encontrados na barra de pesquisa do Google. Meu objetivo é simples, ainda que grandioso: quero que as mulheres entendam que elas têm o poder de mudar suas vidas. Isso é a essência de tudo que faço. É a plataforma sobre a qual eu construí todo o resto, e acredito que foi para isso que vim ao mundo. Estou construindo um império de mídia em torno dessa ideia.

Não, eu não digitei errado. Sim, eu disse "império de mídia".

Não uma empresa, não um passatempo, não um pequeno negócio – um império.

Todos me dizem que garotas boazinhas não provocam tumulto – e certamente não fincam bandeiras e gritam audaciosamente que querem ser magnatas da mídia. Elas com certeza não são tão entusiasmadas por essa ideia a ponto de ter a palavra *mogul* (magnata, em inglês) tatuada no pulso.

Sei que não sou a única pessoa que já desafiou as expectativas dos outros e depois recuou por causa deles. No desejo de encontrar meus pares, procuro constantemente outras mulheres líderes e o que encontro são mulheres fazendo exatamente o que eu fiz. Elas subestimam tudo o que conseguiram porque aprenderam que isso faz os outros se sentirem desconfortáveis.

Pessoal, mulheres *incríveis* estão fazendo isso. Mulheres que criaram empresas de 100 milhões de dólares ou que comandam equipes enormes com faturamentos inacreditáveis. Esse tipo de mulher tem medo de admitir que é boa no que faz ou que ama o que faz. Interagir com elas me deixou menos sozinha, me fez entender que isso é algo que muitas outras mulheres enfrentam. Então, estou aqui contando a minha história na esperança de que, se você for uma das nossas, saberá que há uma tribo de mulheres que se sente da mesma forma, mesmo que nem todo mundo tenha a coragem de dizer isso em alto e bom som.

Tudo bem querer algo mais para sua vida. Na realidade, se você me acompanhar por um tempo, descobrirá que essa é uma das coisas que mais valorizo nas pessoas. Motivação, ambição, vontade de se esforçar ao máximo para alcançar um objetivo? Esse é o meu mantra. Ambição é minha linguagem do amor.

Adoro uma pessoa ambiciosa. Adoro alguém que não tem pudores quanto ao que quer para sua vida e que se *recusa* a deixar que alguém a convença a desistir. Não quero dizer que ela nunca se sente intimidada pela própria audácia. Não quero dizer que ela não cai na armadilha das opiniões alheias. As ambiciosas que eu conheço são humanas e enfrentam as mesmas inseguranças que todas nós. Mas, quando a coisa fica feia, elas não ficam remoendo. Apenas abaixam a cabeça e voltam ao trabalho. Isso é o que *ambição* significa para mim: significa que você está disposta a se esforçar para conseguir chegar lá, *seja o que for* que você queira fazer, e não espera que ninguém lhe dê nada, mas sabe que pode ter o que deseja.

A sociedade tende a criar meninos para correrem atrás do que querem e tende a criar meninas para correrem atrás dos meninos. Estou aqui para dizer que não importa o que a sociedade pensa sobre você ou sobre seus sonhos. Caramba! Não importa o que sua família, seus amigos mais próximos ou seu cônjuge pensam sobre seus sonhos também. Tudo o que *realmente* importa é quanto você quer realizar esses sonhos e o que está disposta a fazer para torná-los realidade.

Segundo Laurel Thatcher Ulrich, "mulheres bem-comportadas raramente deixam sua marca", e centenas de anos comprovam isso.[1]

Sojourner Truth, Susan B. Anthony, as sufragistas, Marie Curie, Malala Yousafzai, Oprah, Beyoncé, nenhuma dessas mulheres correspondeu às expectativas impostas pela sociedade ou pela época em que nasceram. Nenhuma delas subestimou seus dons, recursos ou oportunidades que tiveram. Essas mulheres, e tantas outras como elas, viveram os pontos fortes e os talentos que Deus lhes deu, independentemente do que o mundo pensava, às vezes enfrentando obstáculos quase impossíveis e uma opressão que ameaçava suas vidas.

Você é ambiciosa? Eu também. Você quer ser ambiciosa, mas tem medo do que as outras pessoas podem pensar ou dizer? Eu passei por isso.

Para muitas mulheres o peso das opiniões alheias é um fardo muito grande para carregar. Em geral, elas não conseguem sair de sua zona de conforto porque têm muito medo. Mas nós não somos assim. Estamos dispostas a correr atrás, a agir com audácia e a aceitar as opiniões porque, para termos a chance de viver nosso potencial em sua plenitude, encaramos qualquer reação adversa que surja em nosso caminho.

Há quem diga que garotas boazinhas não são ambiciosas. Bem, eu não ligo. Estou mais preocupada em mudar o mundo do que com as opiniões sobre mim.

Parte II

COMPORTAMENTOS PARA VOCÊ ADOTAR

comportamento[1]
substantivo
1. a maneira como uma pessoa age ou se comporta, especialmente em relação aos outros; "bom comportamento".
2. a maneira como um animal ou pessoa age em resposta a uma determinada situação ou estímulo.
sinônimos: conduta, procedimento, maneiras, ações, modos.

Seus comportamentos são a maneira como você age no dia a dia.

Seus comportamentos são hábitos. Eles se revelam na sua maneira de agir, nas palavras que você pronuncia e no modo como você vive a vida. O mais importante para entender os seus comportamentos é saber que eles são uma escolha. Eles não parecem ser uma escolha porque a maioria dos comportamentos acontece inconscientemente. São hábitos que se enraizaram na sua vida, mas são escolhas que você fez conscientemente ou não. E isso significa que todo dia você escolhe ser essa pessoa... percebendo ou não. Você escolhe acreditar no que acredita e aceitar o que aceita, e esses comportamentos podem te ajudar ou prejudicar sem que você nunca saiba disso. Agora que deixamos para trás as desculpas que nos impedem de realizar nossos sonhos, precisamos dar alguns passos nessa direção. Esta parte do livro traz uma lista dos comportamentos que adotei e que me ajudaram a alcançar meus objetivos – e espero que ajudem você também.

Comportamento 1

PARE DE PEDIR PERMISSÃO

Tudo bem, eu sei que a palavra "feminista" carrega uma certa polêmica. Como mencionei anteriormente, ser *feminista* significa que você acredita que homens e mulheres devem ter direitos iguais, mas sei que a palavra tem diversos significados para muitas mulheres e não estou tentando te convencer do contrário. Só estou explicando isso agora porque este capítulo trará as palavras mais feministas que você já me ouviu pronunciar, e, se isso não for a sua praia, sua tendência será pular este capítulo.

Mas não pule.

Você não tem que ir às ruas para queimar seu sutiã, mas você é uma mulher adulta e devia ao menos considerar essa ideia. Este capítulo não é sobre homens *versus* mulheres nem sobre como devemos lidar com a desigualdade. Este capítulo trata da verdade de que a maioria das culturas tem – desde o início dos tempos – uma estrutura patriarcal. Isso significa que na maior parte das sociedades os homens têm mais poder (ou todo o poder) e, portanto, mais controle.

Não importa se você acredita que isso é bom ou ruim, normal ou equivocado – você decide! –, mas, para o propósito deste livro e para buscar a realização de seus objetivos, é importante que você pelo menos reflita sobre como esse tipo de estrutura pode afetar sua autoconfiança. Afinal, se você foi criada para acreditar que os homens sabem mais, que são a autoridade, o que essa mensagem ensina quanto à sua confiança em si mesma e nas suas opiniões como mulher?

Eu estava em uma viagem de negócios e passei na livraria do aeroporto para comprar algo para ler no avião. Acabei escolhendo um livro incrível chamado *Mulheres e poder: um manifesto*. Trata-se de um estudo muito interessante sobre a história do direito das mulheres a falar publicamente. A pesquisa não trata de falas propriamente, mas de mulheres sendo autorizadas (ou melhor, não sendo autorizadas) a falar em fóruns públicos. Leia esse livro. É uma história enriquecedora e bem escrita, que pode ser lida em duas horas. Nunca estudei a fundo – portanto, nunca enfoquei – o fato de que as mulheres foram silenciadas, tendo poucas oportunidades de usarem suas vozes ou darem suas opiniões. Ah, claro, eu li tudo sobre as sufragistas e sobre como as mulheres lutaram pelo direito de votar, mas nunca parei para pensar na longa história de dor, tortura e até mesmo morte ao longo de centenas de anos até aquele momento.

Uma parte do livro teve um impacto em mim. Nela, a autora fala sobre a ideia de que a maioria das mulheres foi criada tendo o homem como referência de autoridade. E, se você cresceu e começou a trabalhar ou se cresceu e se casou com um homem, então é possível que a sua referência de autoridade continue sendo a masculina. Muitas vezes, a pessoa que mandava, a pessoa que dizia o que fazer e o que era certo e errado, era um homem.

Se esse homem fosse bom e sábio e tivesse as melhores intenções, poderia ter incutido em você a crença de que ele sabia mais. Isso já é forte por si só, mas e se essa influência masculina na sua vida não fosse boa? E se ele fosse um homem agressivo ou cruel? E se ele estivesse preocupado apenas com os próprios interesses em vez dos seus? Ele ainda estaria no comando, ainda tomaria as decisões e ainda afetaria a sua vida.

Há um antigo ditado que diz: "Você não pode ser o que não vê." Se o seu exemplo de "certo" sempre foi masculino, você acha que te ocorreria naturalmente que você, como mulher, teria autoridade para ser quem e o que quisesse ser? Você acha que seria fácil acreditar que tem o direito, o poder e a força para buscar realizar seus próprios sonhos? Ou você acha que seria mais natural pedir permissão ou até mesmo aprovação de outras pessoas?

Fui criada com uma referência de autoridade masculina. Meu pai tem uma personalidade forte e enérgica, e exigia obediência total. Aprendi a viver na esperança de sua aprovação e com medo de desagradar. Mais tarde, aos 19 anos, conheci meu marido e, embora ele seja um tipo de homem muito diferente, ao olhar para trás, reconheço que transferi para ele os sentimentos que nutria pelo meu pai. Eu era totalmente dependente. Vivia para lhe agradar e fazê-lo feliz e, quando ele estava infeliz – mesmo que não fosse por minha causa –, eu ficava paralisada. Eu me afogava em ansiedade até conseguir fazer algo ou dizer algo que mudasse o seu humor.

Lembro que há cerca de sete anos meu marido teve um dia ruim no trabalho e chegou em casa muito frustrado. Entrei imediatamente no modo "tenho que consertar isso". Algo como: "Posso lhe preparar uma bebida? Está com fome? Quer assistir a um filme? Quer transar?". Ele então me encarou com expressão bem séria e, com muita gentileza, disse: "Rachel, eu estou de mau humor, mas vou superar isso. Não tem problema eu ficar chateado.

Você não precisa me fazer melhorar. Não é sua obrigação garantir que eu esteja feliz."

Caramba, pessoal. Foi uma epifania incrível! Nunca tinha me ocorrido que eu devia apenas deixá-lo processar seus sentimentos e que não tinha a obrigação de consertar a situação. Fui criada em uma casa em que fazíamos o possível para manter o papai feliz – eu não sabia que o convívio poderia ser diferente.

Consequentemente, quando passei a entender que o propósito da minha vida não era agradar ao outro, comecei a pensar em coisas que não pensava antes. E se eu pudesse tomar decisões sozinha? E se eu parasse de tomar todas as decisões pensando no que mais agradaria às outras pessoas? E se às vezes eu simplesmente fizesse o que quisesse? E se eu parasse de pedir permissão?

Na época, eu nem percebia que fazia isso, mas nos primeiros 10 anos de casada eu pedia a permissão do Dave para tudo. Não porque ele tivesse me orientado a agir dessa forma, mas porque era o que eu achava normal, portanto reproduzi no nosso casamento.

"Você se importa se eu for ao supermercado?"

"Você se importa se eu jantar com Mandy na quinta-feira à noite?"

"Ei, tudo bem se eu comer o último biscoito?"

Fiz isso anos antes de termos filhos, de modo que não era algo como: "Ei, eu quero fazer tal coisa, então vou precisar que você me ajude com as crianças." Eu precisava muito da aprovação dele para fazer qualquer coisa na minha vida, porque eu não queria que meus desejos o incomodassem de modo algum.

Olho em retrospectiva para aqueles anos e agradeço a Deus por ter me casado com um homem bom. Teria sido tão fácil para ele se aproveitar de mim ou abusar do poder que tinha sobre mim se tivesse inclinação para isso.

Amiga, se você está lendo isso, imagino que seja mulher feita. Mulheres feitas não pedem permissão. Há uma maneira de ser você mesma e ao mesmo tempo fazer parte de um ótimo relacionamento com outra pessoa. É totalmente possível administrar suas prioridades, responsabilidades e desejos pessoais de um modo que seja fiel a você e às pessoas que você ama.

Isso acontece quando você para de pedir permissão para ser você mesma.

Isso acontece quando você deixa de se preocupar mais com o que eles acham do seu sonho do que com a sua opinião sobre o seu sonho.

Isso acontece quando você dá mais importância a cuidar de você mesma do que em saber se eles estão incomodados com isso.

Você está autorizada a querer ser o melhor que puder ser e a buscar realizar o seu sonho, mesmo que eles não entendam isso. Você está autorizada a batalhar por mais, mesmo que eles não gostem disso. Você está autorizada a ficar um tempo longe dos seus filhos, mesmo que isso atrapalhe a pessoa que tem que cuidar deles. Você está autorizada a fazer qualquer coisa, mesmo que isso cause desconforto no seu parceiro. Você está autorizada a dizer às pessoas quem você é e do que precisa, em vez de primeiro perguntar se elas estão de acordo. Você está autorizada a simplesmente existir sem permissões, opiniões ou qualificações.

Estou tentando lembrar quando ouvi pela primeira vez a expressão "chefe mulher".

Ela certamente atingiu o auge da popularidade quando Sophia Amoruso publicou seu livro que trazia o termo "*girlboss*" no título. Na época, entrei na fila para comprá-lo como qualquer outra empresária autodidata e com a autoestima em dia. Ler a história de Sophia me serviu de inspiração e motivação, e eu, honestamente, não dei muita atenção ao título porque estava animada demais para ler o seu conteúdo.

Mas depois eu comecei a ver a expressão (e variações) em toda parte... #GirlBoss #BossBabe #EntrepreneHER. Mulheres de todas as idades e origens adotaram o apelido. A expressão acabou se tornando uma tendência nas redes sociais e ainda não desapareceu depois de tantos anos. Ela faz parte do vocabulário de muita gente. É usada em conferências e virou um rótulo almejado pelas mulheres jovens que estão em programas de estudos empresariais.

E isso me deixa louca de raiva.

Quero subir em uma tribuna e criticar esse tópico em particular, e a forma como ele reproduz a voz masculina de autoridade, mas, em vez disso, vou fazer uma pergunta: "Você sabe o que significa qualificar alguma coisa?" Pergunto porque, quando mais jovem, eu não acho que teria parado para refletir sobre os possíveis impactos do uso do título "chefe mulher" para mulheres como eu. Eu nunca teria questionado o que uma *hashtag* poderia revelar sobre as mulheres no mundo dos negócios em geral. Quando menciono o ato de qualificar nos debates que ocorrem após cada conferência, poucas pessoas dizem saber do que se trata. Portanto, leio a definição em voz alta:

> qualificar[1]
>
> *verbo*
>
> 1. modificar, acrescentando limites ou restrições à extensão do conceito, e listando exceções ou ressalvas.
> 2. tornar menos rigoroso ou rígido; moderar.

Antes de vir dirigir a minha empresa, meu marido era alto executivo de uma das maiores empresas de mídia do planeta. Ele liderou uma equipe internacional com um número incontável de pessoas. Ele começou como um assistente cheio de energia e determinação e nunca – nem uma vez – alguém rotulou o trabalho dele com base no seu gênero.

Qualificar a palavra "chefe" acrescentando "mulher" ou "gata" ou "diva" ou "perua" ou qualquer outra qualificação ridícula e antiquada do papel de gênero que a mídia ache bacana no momento é, no mínimo, desrespeitoso e, no pior dos casos, prejudicial para a maneira como as mulheres jovens veem a si mesmas, além de abalar a nossa luta pela igualdade no mundo dos negócios. O pior é que são as mulheres que estão fazendo isso! São as mulheres que estão colocando esse rótulo em artigos de papelaria, camisetas e frases estampadas em broches, tudo sob o pretexto de que é útil e inspirador para a geração mais jovem.

De certa forma, a mídia está correta: comandar uma empresa ou uma equipe é inspirador para a geração mais nova. Mas, se as nossas filhas têm a coragem e a determinação necessárias para assumir o comando, não menospreze os seus esforços dizendo que é muito bom *para uma menina*. Não acrescentamos "mulher" após "médica", "advogada" ou "candidata à Presidência". Esses papéis foram arduamente conquistados e exigem respeito. Então, siga esse exemplo.

Ser chefe tem sido um dos maiores privilégios e desafios da minha vida. Ser chefe requer coragem e tenacidade. Ser chefe requer dinamismo e força. Chegar ao nível de chefe requer ambição e esforço – quase sempre em doses maiores que as exigidas aos nossos colegas do sexo masculino porque, em muitas áreas, estamos abrindo espaço em um verdadeiro "clube do Bolinha". Você pode chamar esse tipo de pessoa de rebelde, de imparável, de líder, mas nada que diga respeito especificamente ao gênero.

Falei sobre isso agora porque quero lembrar que você não precisa da permissão de ninguém para ser você mesma, nem se conformar, mudar e reformular seu objetivo para torná-lo mais palatável. Você não precisa se apresentar de determinada maneira para ser amada e aceita. As pessoas que merecem estar na sua vida vão se importar com quem você – seu verdadeiro eu – realmente é, mesmo que levem um tempo para se acostumar. Mesmo que você seja diferente de todas as outras mulheres que elas conhecem. Mesmo que você seja diferente da mulher por quem elas se apaixonaram.

> Seja o tipo de mulher que você quer ser.
> Seja o tipo de mulher que se orgulha de si mesma.
> Seja o tipo de mulher que tem tanto amor dentro de si que não ficará tentada a mudar para obter o amor dos outros.
> Seja o tipo de mulher que quer estar interessada em vez de parecer interessante para as outras pessoas.
> Seja o tipo de mulher que ri alto e com frequência.
> Seja o tipo de mulher que é generosa – não importa quanto dinheiro tenha na conta bancária, você tem uma diversidade de recursos para oferecer aos outros.
> Seja o tipo de mulher que passa a vida aprendendo porque conhecimento é poder, e aqueles que pensam que sabem tudo muitas vezes são os mais idiotas entre nós.
> Seja o tipo de mulher que você se orgulharia de ser, aos 11 ou aos 90 anos.
> Seja o tipo de mulher que se dedica à própria vida.
> Seja o tipo de mulher que entende que nasceu para ser mais.
> Seja o tipo de mulher que acredita ser capaz de fazer coisas incríveis neste mundo.
> Seja o tipo de mulher que fica nervosa com os próprios sonhos e que mesmo assim segue em frente e os realiza a qualquer custo.
> Seja o tipo de mulher que nunca pede permissão para ser ela mesma.

Comportamento 2

ESCOLHA UM SONHO E VÁ COM TUDO

Eis uma coisa em que acredito sobre metas e que muitas vezes irrita as pessoas: você só pode se concentrar em uma de cada vez.

Você. Só. Pode. Se. Concentrar. Em. Uma. De. Cada. Vez.

Se eu pudesse colocar emojis em um livro de não ficção, saiba que haveria mãozinhas batendo palmas vigorosamente entre cada uma dessas palavras.

Isso seria endereçado a todas as sonhadoras do tipo "Quero escrever um livro, mas também sou cantora e compositora, e estou pensando em ser corretora imobiliária, e também trabalhar com animais de rua e criar uma instituição de caridade para colocar espécies ameaçadas de extinção em lares de idosos para confortar os velhinhos".

Não.

Antes de tudo, mesmo que sua lista não seja tão elaborada, mesmo que tudo esteja interconectado, mesmo assim ela não será eficaz. Se fosse eficaz, já teria dado certo.

Em segundo lugar, essa lista não é uma lista de sonhos. É uma lista cheia de ideias legais. Você precisa entender a diferença.

Quando aconselho você a sonhar, refiro-me a algo que você deseja muito. Refiro-me a algo sobre o qual você vem fantasiando e imaginando constantemente como seria. Me refiro a algo que quando vem à sua mente faz seu coração bater mais depressa e deixa as palmas das mãos suadas, como na música do Eminem.

Mom's spaghetti.

Muitas pessoas não entendem a piada com o Eminem que acabei de fazer, mas tudo bem. Três pessoas entenderam, e só o que me importa é que alguém entenda o meu humor.

Voltemos ao embate sonho *versus* grande ideia. Quando as pessoas listam as 19 coisas com que estão "sonhando", minha reação é sempre igual: qual delas deixa você mais animada? Se você pudesse escolher apenas uma para investir na próxima década, qual seria? Se só uma pudesse dar certo, qual você escolheria?

A questão é que... as pessoas sempre têm uma. Sempre.

O problema é que elas misturam um monte de ótimas ideias ao seu único grande sonho. Elas enumeram todas as possibilidades porque assim podem dizer que tudo não passa de diversão. Dessa forma, suas opções são infinitas e, se a realização do sonho se tornar um desafio muito difícil, elas podem sair e dizer que não era o que de fato queriam.

Veja, se você escolher apenas um sonho, não há plano B. Se você quiser tomar posse da ilha, queime os barcos. Se você quiser alcançar seus sonhos, só pode tentar realizar um de cada vez. Acredito totalmente em apostar tudo em um único sonho, e, quando você conquistar esse sonho, poderá então passar para o sonho seguinte. Mas dividir sua atenção é dividir foco e energia, o que significa que você provavelmente não fará muito progresso.

Quando se trata de crescimento pessoal, as mulheres muitas vezes agem como se estivessem em um restaurante self-service.

Elas querem trabalhar um pouco nisto, um pouco naquilo. Argumentam que todas as áreas da vida são importantes e que, portanto, devem tentar corrigi-las todas de uma vez. Talvez isso seja possível para algumas pessoas, mas para mim aconteceu o contrário: o que funcionou foi o foco.

Tenho uma vida inteira para tocar, além de buscar a realização de meus sonhos. Você também, imagino. Sou casada, tenho filhos, uma carreira, compras para fazer e comida para preparar, entre milhares de outras coisas. Não tenho tempo a perder. Se é para lutar pelo meu direito de buscar algo novo para mim mesma, preciso que essa busca seja a mais eficaz possível. E, para ser eficaz, deve haver foco.

No passado, sempre que me propus a começar uma dieta, um programa de exercícios e, finalmente, a escrever o meu romance, minha energia e meu entusiasmo se esgotavam em uma semana. Havia muitas prioridades, muito a acompanhar. Eu logo ficava sobrecarregada e não conseguia continuar a fazer tudo aquilo.

Quando tudo é importante, nada é importante.

Encontrei o caminho do sucesso quando aprendi a me concentrar, e isso requer escolher uma única meta. Para iniciantes entusiasmadas com o crescimento é difícil se comprometer apenas com uma área. O que elas não percebem é que um objetivo é como um porto. Quando a maré sobe, todos os barcos sobem junto.

Esse efeito incrível também acontece quando você começa a crescer em uma área da sua vida: as outras áreas melhoram junto com ela. Se você jogar um punhado de pedras em um lago, a água vai ficar um pouco mexida. Se você jogar um pedregulho em um lago – ou seja, se você colocar toda a sua energia em uma única área –, o impacto será incrível. O efeito dominó dessa escolha se espalha em todas as direções.

Por uma questão de clareza, eu gostaria de dizer que é totalmente possível crescer em várias áreas da vida, desde que você tenha alcançado o sucesso em uma e incorporado isso como um hábito. Por exemplo, eu sou capaz de manter a rotina de saúde e condicionamento físico enquanto busco um novo objetivo porque a saúde e o condicionamento físico já se tornaram hábitos na minha vida. Mas, se eu tivesse tentado conquistá-los simultaneamente ou tentado implementá-los quando a empresa ainda estava no início, eu não teria tido sucesso.

A pergunta então é a seguinte: "Como você decide? Como você escolhe o alvo certo a partir de agora?" Bem, se você for como eu, usa um processo que eu gosto de chamar de "10, 10, 1".

Se você nunca ouviu falar do "10, 10, 1" antes é porque foi algo que eu inventei – e registrei a marca porque é uma boa ideia e eu não sou idiota. Como acontece com a maioria das coisas na vida, descobri um processo que funciona para mim e, ao precisar explicá-lo, traduzi em palavras e criei um nome marcante. Veja: toda a minha carreira editorial.

Dez anos.

Dez sonhos.

Um objetivo.

Quem você quer ser daqui a 10 anos? Quais são os 10 sonhos que farão com que isso se concretize? Qual desses sonhos você vai transformar em objetivo e focar? 10, 10, 1.

Vamos olhar isso um pouco mais de perto juntas.

DEZ ANOS

Eu gostaria de começar te pedindo para fechar os olhos e imaginar a melhor versão de si mesma. Imagine que uma década se passou e você está vivendo sua vida o mais próximo do ideal. Sonhe grande. Não coloque restrições nisso. Não pense demais, apenas se permita imaginar a versão mais magnífica possível de você mesma no futuro. Daqui a uma década, o que sua melhor versão estará fazendo? Como ela se parece? Como é o seu dia a dia? Como você fala com as pessoas que ama? Como esse amor é retribuído? Que tipo de roupa usa? Que tipo de carro dirige? Você é uma boa cozinheira? Será que gosta de ler? Será que gosta de correr?

Seja tão específica quanto puder.

Onde você passa as suas férias? Qual é o seu restaurante favorito, agora que sua vida é diferente? Que tipo de alimentos você consome? Qual é a sua sensação ao longo do dia? Você é otimista? Você incentiva os outros? Quão feliz você é após uma década investindo em si mesma e amadurecendo como mulher? Quem faz parte da sua vida? Como é sua semana? Como você trata as pessoas? Como elas tratam você?

Deixe seus sonhos acontecerem de forma livre. Você está feliz? Você se sente com energia? Você está motivada? Você se acha ambiciosa? Como é sua relação com a família? Você tem uma casa, como ela é? Você tem filhos? Família? Você é casada? O que é o melhor de tudo?

Agora, vá além: qual é a versão mais ousada da sua melhor versão? Viver todos os dias da melhor forma que puder. No que você trabalha? O que você, no futuro, considera ter mais valor? Família? Lealdade? Crescimento? Seja muito específica.

Sem um segundo de julgamento e sem pensar demais, quero que você anote tudo o que pensou o mais depressa que puder. Não quero que você se esqueça de nada disso, quero que sua versão futura seja impressa dentro do seu cérebro.

A melhor versão de mim é...
Quando estou no meu melhor, eu...

Não se reprima. Este não é o momento para refletir ou dizer a si mesma para desacelerar. Este não é o momento para ser realista, este é o momento de pensar tão grande quanto conseguir.

Espero que este exercício tenha ajudado você a montar um quadro claro na sua mente com as coisas incríveis e diferentes das quais, no futuro, você pode participar. Pessoalmente, gosto de fazer isso uma ou duas vezes por ano e criar um mural (como na quinta série, quando você cola um monte de recortes de revistas na cartolina), de modo a ter algo visual para comparar com minhas imagens mentais.

Este é o primeiro passo: você daqui a 10 anos.

Agora, veja como chegar lá.

DEZ SONHOS

Transforme seus 10 anos em 10 sonhos. Se esses 10 sonhos se realizassem, eles fariam a sua visão virar realidade. Então, se você visse um futuro completamente livre em termos financeiros, talvez seus sonhos incluíssem ganhar um salário de seis dígitos, não ter dívidas, etc. Mas talvez nesse futuro idealizado você se veja saudável, feliz e cheia de energia. Acrescente a esse mix virar maratonista e vegetariana. O importante é ser específica. A lista de sonhos é o modo como essa visão de futuro se revela para você.

Muitas vezes, quando fazemos isso, passamos dos 10, mas é fundamental reduzir a lista. Foco é importante, lembra? Escolha 10 sonhos que, caso se tornem realidade, tornariam real o seu *eu* futuro.

Aqui está o segredo: anote os 10 sonhos em um caderno todos os dias. Descreva-os como se eles já tivessem acontecido.

Faço isso todos os dias porque quero que a repetição ajude a gravar na minha mente e no meu coração para onde eu devo direcionar o meu foco. Quero lembrar a mim mesma quem eu deveria ser. Escrevo sobre os sonhos como se eles já tivessem acontecido porque li em algum lugar que o subconsciente se concentra nas informações que você envia. Se você diz a si mesma (e a seu subconsciente) "Vou ganhar 1 milhão de dólares", o subconsciente acaba não se concentrando no objetivo, e sim na palavra "vou". Isso vira uma lista de tarefas para o cérebro. Você não disse para qual direção. Não pediu que sua mente te ajudasse a entender como chegar lá. Disse apenas que estava indo fazer algo, o que não é muito esclarecedor, qualquer que seja a grandeza do objetivo que você definiu para si mesma, porque você cria listas de coisas para fazer o tempo todo. No que de fato seu cérebro deveria prestar atenção?

E se, em vez disso, você dissesse: "Tenho 1 milhão no banco"? Isso é específico. Isso é uma consequência. Essa é uma direção a seguir. "Vou" tem a ver com futuro. "Tenho" é presente do indicativo, o que significa que o seu subconsciente começa a focar em como tornar isso real neste momento. Na verdade, não tenho 1 milhão de dólares no banco... ainda. Mas estou trabalhando para isso.

Alguns itens da minha lista são coisas que eu quero conquistar. Outros são coisas que eu posso realizar todos os dias.

"Sou uma esposa excepcional."

Esse está na minha lista. Eu o escrevo todos os dias como um lembrete de quem sou e de quem quero ser. Quando imagino minha melhor versão no futuro, ainda estou apaixonada por Dave Hollis. No futuro, ele ainda é o meu melhor amigo, e nós ainda nos sentimos atraídos um pelo outro. A diferença é que nesse futuro estamos muito mais descansados porque nossos filhos estão mais velhos e não temos que trocar fraldas ou acordar com o choro do bebê que tem um dentinho nascendo.

Tenho muito cuidado com as palavras que escrevo também. Não uso a palavra "boa". Não uso a palavra "ótima". Uso a palavra "excepcional". Quando escrevo essa frase sobre ser uma esposa excepcional, tenho que me perguntar o que fiz a cada dia para me tornar excepcional. É um estímulo simples para entrar em ação.

Isso me faz enviar uma mensagem de texto para o meu marido, dizendo como ele estava gato com aquela calça, ou quanto eu o amo e admiro. Isso não aconteceria se eu não tivesse o estímulo me lembrando quem eu quero ser.

Outro item na minha lista diária é meio antipático, mas, quer saber, é a minha lista de sonhos, não a sua. Está lá: "Só viajo de primeira classe."

Se você me segue nas redes sociais, tem uma noção da frequência com que viajo a trabalho. Eu viajo muito, pessoal. Muito. Eu não me importo de viajar porque em 90% do tempo estou na estrada para dar palestras ou motivar grupos com meu estilo lírico único e a energia de um cachorrinho. Falar em público é uma das coisas de que mais gosto em meu trabalho, mas isso exige foco e energia. É difícil ter esses dois elementos quando você está toda hora cruzando o país em aviões. É difícil cumprir a carga de trabalho normal e continuar realizando todas essas palestras viajando na classe econômica.

Além disso, minha carga de trabalho atual sempre envolve a escrita. Ou estou escrevendo ou editando um livro ou escrevendo um artigo ou post, e, como eu não conheço o significado da palavra *privado*, quase tudo o que escrevo tende a ser um assunto delicado. Você sabe quão estranho é escrever um capítulo sobre sua vida sexual tendo um desconhecido sentado ao seu lado compartilhando o descanso de braço? Eu sei! Escrevo em aviões há anos porque não há outra maneira de entregar esses textos no prazo. E eu detesto não poder escrever porque estou preocupada com o que meu vizinho acha do capítulo 5. É aí que este sonho entra em cena.

Na minha cabeça, a primeira classe é boa por um detalhe específico: o tamanho do assento. Eu não me importo com petiscos estranhos. Não me importo com o vinho de graça. Eu não me importo com a possibilidade de entrar no avião antes de todo mundo. Tudo o que me interessa é que, na primeira classe, posso me sentar com as pernas cruzadas e ficar com o computador no colo. É muito confortável. E muito longe da pessoa mais próxima. Isso é o melhor!

Sei disso porque uma vez, anos atrás, Dave usou suas milhas para mudar a classe do meu assento em um voo. Bastou experimentar o sabor da terra prometida; não conseguia parar de sonhar com isso. Então, escrevi as palavras "Só viajo de primeira classe". Todos os dias. Durante meses e meses. O que significa que o meu cérebro aceita isso como verdade, diariamente, e ajuda a tornar esse sonho uma realidade para mim.

Quando comecei a escrever esse sonho na minha lista, não tínhamos dinheiro para isso em nosso orçamento de viagens a trabalho, e não bastava a minha vontade para que aquilo se tornasse verdade. Mas, depois de escrever esse sonho durante cerca de seis meses, tive uma epifania tão idiota que eu queria me dar um soco na cara por não ter me ocorrido antes. Você vai rir. Ou talvez já saiba como resolvi o problema porque estava na cara. Comecei a voar de primeira classe porque passei a dizer às pessoas que isso fazia parte das minhas necessidades de viagem. Ou seja, quando as empresas procuram minha equipe e dizem: "Oi, Rachel Hollis é o máximo, e nós adoraríamos tê-la animando a nossa equipe de vendas. O que seria necessário para trazê-la aqui?", minha assistente informa o preço da minha palestra e logo depois acrescenta: "Mais passagem de primeira classe e acomodações."

No início, eu ficava muito nervosa achando que as pessoas se irritariam e que eu perderia grandes oportunidades ou que seria vista como diva. Mas ninguém sequer hesitou. Em primeiro lugar, quando você se esforça para chegar a um determinado ponto na sua carreira, não é incomum solicitar vantagens que você não tinha quando começou. Em segundo lugar, as empresas ou podiam pagar ou não podiam, mas ninguém se zangou ou enviou aldeões para cercarem minha casa com forcados na mão. Agora, posso viajar em poltronas largas e chegar aos eventos me sentindo bem, produtiva e pronta para trabalhar.

Caso você esteja se perguntando, eu ainda mantenho esse item na lista. Consigo viajar de primeira classe quando estou a trabalho, mas ainda não tenho dinheiro suficiente para fazer isso com a família. Todo dia eu lembro a mim mesma para onde quero ir.

Agora que você determinou seus 10 sonhos, espero que aceite o meu conselho e passe a limpo a lista diariamente. Essa é uma ótima maneira de lembrar todos os dias quem você quer ser, mas para chegar lá é preciso encarar essa lista com ação e foco. O próximo passo é reduzir o foco a um objetivo: 10, 10, 1. Dez anos se tornam 10 sonhos que se tornam um objetivo. Seu sonho é o seu ideal. Ele se torna um objetivo quando você começa de fato a buscar realizá-lo.

UM OBJETIVO

Quero que você pergunte a si mesma qual é seu objetivo – um que você pode fazer agora e que te deixará mais perto do que você deseja ser daqui a 10 anos. Entre os 10 objetivos que você acabou de identificar, em qual você trabalhará neste ano? Pense nisso, depois escreva.

Para realizar um objetivo, você precisa ter clareza sobre duas coisas:

1. Quais são os detalhes?
2. Como avaliará o seu progresso?

"Quero perder peso" não é específico. Você quer perder 900 gramas ou 45 quilos? Isso é específico.

"Quero ter um percentual de gordura corporal de 24%."

"Quero economizar 25 mil."

Essas são metas específicas que você pode usar como termo de comparação.

"Quero administrar melhor minhas finanças." Isso é bobagem. Você já está se preparando para o fracasso ou está se preparando para se dar crédito pelo trabalho sem fazer progressos mensuráveis. Pagar o cappuccino em dinheiro, em vez de usar o cartão de crédito, poderia ser considerado "administrar melhor as finanças", mas aonde você vai chegar com isso? Se você quer algo mais na linha "Quero economizar 25 mil", você nem poderia tomar um cappuccino.

Seu objetivo também precisa ser mensurável. Você tem que ser capaz de avaliar se está progredindo, se está se aproximando de onde quer estar. Muitas pessoas dizem que o objetivo deve ter um limite de tempo, mas eu não gosto de fazer isso com metas pessoais porque parece que isso é uma antecipação para o fracasso. Se você disser a si mesma que precisa entrar em forma até o fim de fevereiro e chegar à data estipulada sem ter conseguido, vai se culpar. Minha intenção aqui é mostrar que trabalhar no seu eu ideal deve ser um processo contínuo para você se tornar a pessoa que estava destinada a ser. Processos contínuos não têm limite de tempo. Tudo o que importa é você continuar tentando. Não estamos olhando para a perfeição, estamos procurando consistência.

Mas não basta saber qual será o seu objetivo. Muitas de vocês provavelmente já sabiam o que queriam conquistar e, se isso fosse suficiente, já o teriam reivindicado como seu. Vocês também precisam saber por que querem tanto esse objetivo. Tendo essa clareza, vocês podem usar a sua meta como influência e motivação quando tiverem vontade de desistir. Vocês se lembram de quando falei sobre a importância do seu *porquê*? Esse *porquê* fará com que vocês continuem mesmo que não saibam como chegar lá.

Quando eu era pequena, meus pais brigavam muito. Eram brigas terríveis, do tipo que os vizinhos escutam, e eu me escondia no quarto para ficar longe deles. Eu corria para o único espaço que era só meu – minha cama – e me imaginava em um lugar onde nada daquilo existia. Imaginava um futuro no qual ninguém gritava com ninguém. Também gostava de imaginar um futuro em que ninguém brigava por dinheiro. Quando criança, meu sonho era entrar em uma loja e poder comprar qualquer coisa que quisesse. Não estou falando de um relógio ou de sapatos de grife. Refiro-me a poder comprar um cereal de marca conhecida ou um novo par de jeans para ir à escola. Esse foi o maior sonho que eu poderia ter naquela época: uma casa onde ninguém brigasse e dinheiro para comprar coisas no Walmart.

Então, esse era o meu objetivo, e o raciocínio por trás dele era algo que eu me lembro de pensar desde muito cedo: "Quando estou no comando, posso viver a vida que quiser." Ao visualizar o futuro, você tem que saber aonde é que está tentando chegar e deve se motivar de alguma forma para se manter no caminho certo.

Dito de outro modo, você tem que saber o seu porquê. Por que isso importa para você?

Não basta apenas querer ser mais magra. É preciso querer perder peso para poder acompanhar o ritmo dos seus filhos, ter energia para sua vida. Isso te impulsiona.

Não basta dizer: "Quero ser rica porque acho que seria fantástico." É preciso saber como é não ter dinheiro quando criança e prometer a si mesma que nunca vai passar por isso novamente quando tiver o controle da sua vida. Isso te impulsiona.

Você tem que saber para onde está indo e por quê. Se você é do tipo que começa e para, começa e para, começa e para, e já não cumpriu sua meta 50 vezes antes, é porque o seu porquê não era suficientemente forte.

Já fui fumante. Detesto admitir isso porque é um horror. Fumar é o que há de pior. Além de muito nojento, é péssimo para o organismo. Mas eu tinha 19 anos quando comecei. Achava que garotas maneiras fumavam, e eu queria estar na moda. Então, em uma festa de fim de ano da empresa, eu estava conversando com uma garota superantenada que trabalhou no departamento de relações públicas. Ela era supermoderna! Ela era *hipster* antes de os *hipsters* existirem e, naquela noite, ali na festa, ela tirou da bolsa um maço de cigarros American Spirit. Se você não conhece essa marca de cigarros, saiba que é tabaco puro, muito mais forte do que qualquer coisa que eu tivesse fumado antes – só que eu não sabia disso na ocasião.

Eu tinha bebido muito naquela noite, e quando a *hipster* bacana me ofereceu um cigarro, não pensei duas vezes e passei o resto da noite fumando, um cigarro atrás do outro. Fui para casa depois da festa e vomitei várias vezes. Tudo cheirava a cigarro. Vomitei até não ter mais nada no estômago. Acordei na manhã seguinte na minha cama vestindo apenas minhas meias vermelhas. O melhor cenário que eu posso imaginar é que eu consegui me despir até ficar como vim ao mundo e depois coloquei as meias – não sei por quê; talvez para ficar confortável? Então, vomitei durante três horas até desmaiar. Desde então não posso sentir o cheiro de fumaça de cigarro sem ter vontade de vomitar. Nunca mais toquei em outro cigarro. Foi uma experiência tão ruim, fiquei tão mal, que não tive problemas em largar o cigarro, foi um corte imediato. Nunca mais fumarei. Isso é um motivo que me impulsiona.

Você tem que encontrar um motivo que te impulsione – tem que saber o seu porquê – ou nunca vai mudar. Você tem que saber no que focar ou nunca progredirá.

Comportamento 3

ACEITE SUA AMBIÇÃO

Ambição não é uma palavra ofensiva.

Não sei se é porque estou no meio do processo de escrita deste livro e, portanto, sempre atenta às conversas que estão acontecendo na mídia sobre as mulheres, mas parece que 10 entre 10 autoras e palestrantes de sucesso estão comentando sobre o tipo de mulher que todas nós deveríamos almejar ser. Nesta manhã eu vi mais uma citação sobre os perigos e armadilhas da ambição feminina. Fiquei furiosa e ao mesmo tempo muito triste. Fiquei irritada porque não acho que seja útil fazer generalizações sobre todos os tipos de ambição e todos os tipos de mulheres. E triste, porque a pessoa que postou isso tem uma plataforma poderosa e fala para mulheres de todo o mundo, e eu acredito que essa mensagem seja um desserviço que toca profundamente a narrativa com que muitas de nós fomos criadas.

A ambição pode ser perigosa? Com certeza! Falei longamente sobre minhas próprias dificuldades com o alcoolismo, então sei como isso pode ser perigoso e prejudicial. Mas e a ambição como um todo? Dizer que é essencialmente errada parece uma visão míope e que vai de encontro ao chamado para vivermos do modo como fomos destinadas a ser.

É importante ressaltar que o comentário da postagem não foi direcionado aos homens. Ele estava chamando atenção para os perigos da ambição nas mulheres. Precisamos começar a refletir seriamente sobre por que aceitamos verdades sobre nós, como mulheres, que nunca consideraríamos aplicar aos homens. Se essas verdades não valem para todo o mundo, não deveriam valer para ninguém.

Percebo que muita gente não pensa assim. Dependendo de como você foi criada, a ideia de que não devemos nos apegar a um padrão diferente pode parecer um tanto herética. Mas basta refletir sobre isso por um minuto. Quando um homem quer melhorar na carreira, na forma física, na fé, na educação ou em qualquer outra coisa, isso é considerado uma vantagem. Queremos esse tipo de pessoa dirigindo nossos negócios, nossas igrejas ou nossos governos. Pessoas ambiciosas se esforçam para aprender mais, fazer mais, crescer mais e costumam criar oportunidades para quem está ao seu redor fazer o mesmo. Mas isso não vale para uma mulher? E se ela ainda não se casou? E se ela for mãe solo? Tudo bem ela se esforçar, pelo menos até que surja um homem para cuidar dela? Espero que você entenda o sarcasmo na última frase, porque só de pensar nisso minha cabeça quase explode!

Precisamos superar a ideia de que certas regras só se aplicam a certas pessoas em determinadas fases da vida. Se isso não é verdade para todos nós, não deveria ser verdade para ninguém.

Minha cunhada Heather é professora há 18 anos. Ela jogava softbol na época da escola. Depois da faculdade, ela continuou estudando e fez mestrado em orientação pedagógica enquanto se destacava como educadora e era adorada pelas crianças sob seus cuidados. Esse desejo de aprender mais sobre sua área de trabalho para ser cada vez melhor na profissão é ambição, e não deve ser menos admirável nela do que em seus irmãos.

Minha amiga Susan está conduzindo uma grande transformação no processo de acolhimento temporário de crianças. Ela está mudando a maneira como cuidamos das crianças que vivem em abrigos e como oferecemos o apoio necessário aos pais temporários para que eles façam esse trabalho. Sua ambição é muito acima da média. Ela pretende abrir filiais da sua organização em cada cidade dos Estados Unidos. Ela pretende garantir que cada criança em um lar temporário se sinta amada, conhecida e vista. Ela pretende garantir que nenhuma criança cresça fora do sistema. Sua ambição é grandiosa e audaciosa. Seu tipo de ambição mudará o mundo.

Outra amiga é uma dona de casa que lutou durante anos contra seu peso e sua autoimagem. Dezoito meses atrás, ela se inscreveu para sua primeira corrida de 10 quilômetros. Sua ambição era cruzar a linha de chegada. Depois que completou essa corrida, ela se inscreveu em uma meia maratona. Ela se esforçou para arranjar tempo para treinar e disposição para aprender como chegar ao seu objetivo. Ela completou a meia maratona e está se preparando para sua primeira maratona. Sua ambição não era ganhar 1 milhão de dólares. Sua ambição era entrar em forma e ser saudável para poder ser uma mulher melhor e uma mãe melhor para si mesma e para os seus filhos. Seu tipo de ambição mudou a dinâmica da sua família e a forma como ela encara a vida.

Ambição não é ruim.

Na verdade, a definição dessa palavra é totalmente poética: "um forte desejo de fazer ou alcançar alguma coisa, normalmente exigindo determinação e trabalho duro".[1]

Se não fosse pela minha ambição e pela determinação em criar um conteúdo que encorajasse outras mulheres, você não estaria sentada lendo este livro. Estamos basicamente na metade dele, então, se você o achasse estúpido, inútil ou chato, provavelmente já o teria largado. É possível que você ainda esteja por aqui por estar tirando algum proveito desta leitura. Mas não haveria nada para você ler se eu antes não tivesse sido ambiciosa e decidido escrevê-lo.

Na maior parte do tempo, no entanto, olhamos a ambição como uma coisa boa desde que não seja a nossa, certo? Nunca é realmente a ambição das outras pessoas que nos incomoda. É a nossa própria que nos assusta.

"O que pensariam de mim se soubessem que este era o meu sonho?" Não nos importamos com o que os outros pensam, lembra?

"Bem, e se eu ficar muito ambiciosa e obsessiva?" Por que não nos preocupamos com o que está acontecendo agora, em vez de com o que pode acontecer um dia?

"Ok, mas e se eu ficar maluca e buscar realizar o meu sonho em detrimento da minha família e dos meus relacionamentos?" Bobagem, amiga, eu (ou outra pessoa que te ame) aparecerei para incutir um pouco de bom senso na sua cabeça! Você realmente não está se permitindo buscar algo por causa de um monte de possibilidades hipotéticas?

Saia dessa. Claro, você está com medo, e eu sei o que é ter medo do desconhecido. Mas você não vai conseguir nada se não estiver confortável com a ideia de conquistar algo.

Você tem um objetivo ou um sonho? Você está tentando realizar alguma coisa? Então é melhor você se familiarizar com a ideia de ambição. Você precisa adotar uma postura de se esforçar para crescer de forma que faça a diferença para seus objetivos. Ambição é acordar cedo; é trabalhar depois que as crianças vão dormir. Ambição é estar disposta a admitir o que você não sabe e pedir ajuda, pesquisar, tornar-se a sua melhor professora. Ambição é viver de um modo como os outros não viveriam, e assim viver uma vida que os outros não poderão ter. Você está pronta para assumir sua ambição?

Comportamento 4

PEÇA AJUDA!

O prazo acabou, amiga. Era para eu ter enviado à minha editora os textos finalizados deste livro na semana passada. Pedi uma prorrogação, e esse novo prazo diz que preciso entregar tudo hoje, se quiser manter a data de lançamento. Quero enfatizar quanto estou atrasada neste processo criativo para que você entenda como é insano eu estar acrescentando este capítulo agora.

Estou começando um novo capítulo quando deveria estar com tudo isso anexado a um e-mail, em segurança, enviando a uma garota adorável no Tennessee, para que ela possa editar o texto.

Em vez disso, estou dando uma de rebelde. E faço isso porque me ocorreu esta manhã, num estalo, que esqueci de incluir um comportamento extremamente vital que vocês precisam adotar em sua vida. Há dias que isso não me sai da cabeça: "Sei que estou esquecendo de dizer algo, sei que estou!" Então, lembrei o que era, e a única desculpa para isso não ter me ocorrido antes é que se trata de um comportamento tão arraigado em mim agora que não pensei nele como algo a ser acrescentado. Mas eu recebo suas mensagens cheias de emojis me dizendo como estão sobrecarregadas, e isso me fez lembrar que nem todas as mulheres fazem isso. Então, aqui está o recado: peça ajuda!

Peça ajuda, caramba!

Você não pode ler o capítulo sobre ambição e permitir que ele seja um estímulo se você não estiver disposta a descobrir de que recursos precisa para chegar lá. Decidir ter aulas de sapateado porque isso te deixa animada não apenas requer novos sapatos com chapinhas de metal e uma seleção de estúdios de dança. Essa decisão requer também ter alguém para cuidar dos seus filhos enquanto você vai à aula. Peça ajuda.

Tentar atingir um novo patamar na sua empresa de marketing multinível não apenas exige aulas, webinars e uma presença intensa nas redes sociais. Isso também requer alguém para ajudar em casa, pois você terá menos tempo para tarefas domésticas. Peça ajuda.

Sei como é isso, juro que sei. Sei que a maior parte das pessoas acha estranho pedir ajuda. Por um lado, detestamos admitir – especialmente para nós mesmas – que precisamos de ajuda. Por outro, temos, não sei por quê, essa ideia distorcida de que admitir que não podemos fazer tudo isso com sucesso significa que somos fracas. Aff! Pense em como isso é ridículo. As pessoas mais poderosas do mundo têm equipes inteiras e delegam inúmeras tarefas. Elas recebem ajuda de todas as formas, desde a limpeza de suas casas até a expansão de seus negócios no exterior. Mas você – e seu novo negócio, suas pilhas de roupa suja e seus dois filhos com menos de 4 anos – é quem deve se virar com tudo isso sozinha, certo? De jeito nenhum. Você tem uma percepção distorcida de como é o sucesso em *qualquer* área da vida. E isso não é culpa sua.

Essa é uma culpa que eu atribuo à mídia.

Para ser mais específica, culpo todas as mulheres fabulosas e com uma aparência perfeita que já apareceram na TV ou na internet nos últimos 50 anos e que não nos revelaram quanta ajuda é necessária para manter aquele nível de perfeição. Culpo todas as revistas que nos mostraram 39 maneiras de preparar o peru para o Dia de Ação de Graças, mas não mencionaram que devíamos pedir que nossas irmãs viessem passar a noite um dia antes para ajudar com o bebê enquanto preparávamos o almoço para a família.

Culpo todos os filmes de Nancy Meyers com aquelas casas absurdamente maravilhosas e armários repletos de roupas brancas. Ah, claro, ela nos mostrou as cômicas dificuldades de se lidar com um relacionamento, mas nunca mostrou o exército de funcionários necessário para manter aquelas mansões limpas ou aqueles jardins orgânicos cuidados, enquanto nossa heroína construía seu império no ramo de bufês.

Você provavelmente só viu exemplos, tanto na vida real quanto na tela, de mulheres fazendo tudo isso. Tenho a sensação de que as mulheres ou tentam lidar com toda e qualquer tarefa sozinhas (e não admitem as dificuldades que enfrentam) ou, pior, elas recebem ajuda, todo tipo de ajuda, mas não admitem isso. Madeleine Albright disse, certa vez: "Há um lugar especial no inferno para as mulheres que não ajudam outras mulheres."[1] Bem, eu digo que há um lugar especial no inferno para as mulheres que têm o luxo de contar com ajuda, mas não admitem isso para outras mulheres.

Eu estava assistindo ao *Today Show* há alguns anos quando apareceu uma celebridade apresentando sua nova linha de produtos. Essa mulher tinha crianças pequenas e um marido cuja carreira era tão lucrativa e exigente quanto a dela. Eu adoro aquela pessoa. Ela é linda e parece ser boa mãe e esposa. Construiu uma reputação no universo do estilo de vida. Tornou-se a mulher que muitas mães e donas de casa querem ser. Mas quando lhe perguntaram como ela "fazia aquilo tudo" – "Como você construiu este negócio multimilionário e consegue ser boa mãe e ótima esposa?" –, ela olhou para o entrevistador e respondeu algo assim: "Ah, é que sou muito organizada."

Meu queixo caiu, pessoal. Ela continuou explicando alegremente como qualquer mãe pode fazer exatamente o que ela faz desde que se dedique e trabalhe duro.

Fiquei tão decepcionada com a resposta dela que senti vontade de chorar. Sinceramente, eu queria chorar como um bebê. Porque o negócio é o seguinte: essa mulher tem uma plataforma enorme, 10 vezes maior do que a minha, e eu não consigo nem imaginar quantas mulheres assistiram à sua entrevista naquela manhã buscando alguma orientação ou inspiração. E ela se esquivou. Ela teve a oportunidade de revelar a todas nós o que é preciso para ter vida pessoal, tocar uma empresa daquele nível e ainda criar filhos, mas a desperdiçou.

A possibilidade de ela não contar com ajuda extra é zero. ZERO. Depois de trabalhar muitos anos com celebridades, eu diria que ela tem uma empregada e, no mínimo, uma babá – se não tiver duas. Ela certamente tem uma assistente, e, por causa do seu nível de fama, aposto que ela e o marido ainda possuem alguns funcionários domésticos de alto nível, de um tipo que você provavelmente nem sabe que existe. Cargos como "governanta" e "chef nutricionista". E sabe o que mais? Fico feliz por eles! Não tenho a menor inveja do apoio que eles têm. Queria apenas que falassem sobre isso. Ao não mencionar a ajuda que eles recebem em casa, há o risco de que esse tipo de coisa nem passe pela *sua* cabeça. Quando você vê a foto do jantar perfeitamente preparado no Instagram deles, mas sabe que ela passou o dia numa sessão de fotos (porque essa informação apareceu em seu *feed*), você pode se sentir péssima porque tem uma dificuldade enorme para servir o jantar quando passa o dia inteiro fora de casa. Pode não lhe ocorrer que eles tiveram a ajuda de uma cozinheira ou de um chef para preparar o jantar, perpetuando o mito de que você também poderia "fazer tudo e ter tudo" se apenas se esforçasse mais.

Isso é uma mentira das profundezas do inferno das celebridades!

Amiga, mulheres executivas que estão pessoal e profissionalmente nos níveis em que você gostaria de estar recebem ajuda. Talvez essa ajuda venha de seus parceiros. Talvez de suas mães ou irmãs. Talvez essa ajuda venha na forma de uma estudante universitária que queira ganhar um trocado como babá ou de uma pessoa que faça uma faxina em sua casa uma vez por mês. Existem milhares de maneiras de obter ajuda, mas, antes de darmos o passo seguinte, é preciso entendermos que essa ajuda é necessária. Ninguém faz tudo sozinho. Quando digo isso de forma clara, parece fazer sentido, não é? Então nos deparamos com expressões como "se fez sozinha" e começamos a nos perguntar se ainda é isso que deveríamos estar almejando.

Adoro a expressão *se fez sozinha*, especialmente quando ela é usada em referência ao meu próprio sucesso, pois só eu sei quanto trabalhei para chegar até aqui. Era eu que me levantava antes do nascer do sol. Era eu que registrava todas as milhas das viagens a trabalho. Era eu que chorava ao ver o demonstrativo de resultados financeiros da empresa e me preocupava com a folha de pagamento. Eu, eu, eu.

Durante anos eu me agarrei a esse lema e à ideia de fazer tudo por minha conta porque isso me estimulava, me ajudava a continuar quando eu me sentia solitária nessa jornada empreendedora. Nos últimos anos, no entanto, percebi algo: eu me fiz sozinha... só que não.

Apenas recentemente eu entendi que ninguém consegue alcançar seus objetivos sem ajuda porque é impossível construir coisas grandiosas inteiramente sozinha. Tive a ajuda de uma equipe na construção da empresa ao longo da última década. Uma tribo enorme (que no início era um punhado de seguidores) comentou com os amigos sobre o meu trabalho e ainda hoje essa tribo é o maior esquadrão de propaganda que conheço. Contei com a família e com as babás para manter minha casa funcionando sempre que precisei trabalhar dobrado. Contei com meu marido como maior torcedor do mundo, celebrando minhas vitórias e me ajudando a lidar com as perdas (tanto financeiras quanto emocionais) naqueles primeiros anos.

Foi preciso uma verdadeira comunidade, e ainda é preciso. Foi preciso levantar a mão e pedir ajuda.

"Ei, querido, você pode cuidar das crianças neste fim de semana para que eu possa trabalhar um pouco?"

"Ei, amigos do Instagram, vocês podem compartilhar isso nas suas redes sociais para que as pessoas conheçam meu livro *Party Girl*?"

"Ei, chefe, posso atender a todas as suas prioridades, mas não sem outro membro da equipe ou uma extensão no prazo de entrega. Sou apenas uma pessoa."

Quando decidi correr a meia maratona, perguntei a um sujeito do trabalho do Dave se ele podia me treinar. A única coisa que eu sabia sobre ele era que era um corredor de maratona. Ken me ensinou tudo o que sei sobre corridas de longa distância.

Quando decidi escrever o primeiro livro, minha mãe veio me socorrer com as crianças durante vários fins de semana para que eu pudesse escrever. Ela aparecia com lanches no quarto, no andar de cima, bem na hora em que eu estava prestes a atirar o computador na parede.

Quando a empresa que criei começou a crescer tão depressa que achei que não conseguiria mais dirigi-la sozinha, engoli meu orgulho e pedi ajuda ao meu marido. Você tem noção de quanto eu me orgulhava por ter criado uma empresa e ser CEO dela tendo apenas um diploma do ensino médio? Muito. Você tem noção de quanto eu não queria admitir que não dava mais para continuar comandando a empresa e essa tribo simultaneamente? Não queria mesmo. Mas aprendi ao longo da última década como é fácil se desgastar, ou pior, desistir de um sonho porque você está tentando fazer coisas demais ao mesmo tempo. Eu aprendi. Eu peço ajuda.

Eu recebo ajuda, pessoal. Recebo muita ajuda e estou sempre à procura de maneiras de liberar mais o meu tempo para poder me concentrar no que é realmente importante para mim.

As pessoas me perguntam o tempo todo "Como você faz aquilo tudo sozinha?", e sou muito feliz em poder gritar bem alto: "Eu não faço!"

Temos uma babá em tempo integral desde que nosso filho mais velho tinha 3 meses de idade. Por causa das mudanças ou das crianças que foram chegando, tivemos três babás ao longo da nossa história como uma família. Essas mulheres – Martha, Jojo e, agora, Angie – amaram meus filhos e possibilitaram que eu investisse na minha carreira enquanto Dave investia na dele. Elas chegavam cedo e ficavam até tarde. Elas nos permitiam sair juntos uma noite por semana e ocasionalmente dormiam lá em casa para que pudéssemos viajar juntos. Nunca tivemos familiares que morassem perto e pudessem nos ajudar com as crianças, e essas mulheres foram sua substituta. Não consigo imaginar como teríamos nos virado sem elas.

Há três anos contratamos uma governanta para trabalhar em

tempo integral. Conversamos e planejamos durante anos para que tivéssemos uma situação financeira que nos permitisse pagar uma funcionária em tempo integral – e esse é o maior luxo da nossa vida! Quanto mais filhos tivemos, menos queríamos passar noites e fins de semana cuidando da casa. Também queríamos ter ajuda na hora do jantar, nas compras de supermercado, para levar a minivan ao lava-jato e nosso schnauzer miniatura para tomar um banho.

Tenho uma assistente no trabalho e uma equipe na Hollis Company que me auxiliam nos projetos da empresa. Contrato estilistas para escolher as melhores roupas para mim quando vou a eventos sofisticados de entrega de prêmios ou a programas de TV. Contrato maquiadores e cabeleireiros quando tenho alguma participação na televisão, e já contratei algumas vezes uma profissional para fazer um bronzeamento artificial com spray no banheiro da minha casa. Ela tinha uma cabine desmontável; achei incrível!

Se toda essa assistência parece excessiva, eu desafio você a considerá-la em relação ao volume de conteúdo que conseguimos produzir e lançar durante os últimos cinco anos. Eu não teria sido capaz de fazer um décimo desse trabalho se não tivesse tido ajuda. Se essa ajuda parece desnecessária, bem, amiga, você não tem que ser acelerada como eu, mas, por favor, aprenda a levantar a mão e reconhecer em que áreas você está enfrentando dificuldades!

Você não precisa estar com uma situação financeira específica para conseguir ajuda: você pode trocar com um amigo ou pedir mais apoio ao seu parceiro. O que você *precisa* é ter um estado emocional específico para conseguir ajuda. Você precisa perceber que, ainda que esteja abrindo uma nova trilha por conta própria, não é obrigada a caminhar nela sozinha.

A questão nessa longa e louca discussão é que, se você tem

dificuldade em admitir que precisa de ajuda, precisa olhar com atenção o que é necessário para avançar para o nível seguinte. Se houver um prazo envolvido e você perceber que não tem tempo suficiente, talvez precise pedir ajuda. Se houver um nível de conhecimento envolvido que você ainda não tem, pode precisar encontrar um professor. Se houver necessidade de divulgação envolvida, pode precisar perguntar a clientes atuais se eles estariam dispostos a te ajudar com depoimentos e elogios públicos.

Ouvi certa vez que a maioria das mortes por engasgo por conta da ingestão de alimentos acontece perto de alguém que poderia evitá-las. Essa é uma realidade horrível. O que acontece é que as pessoas em geral estão sentadas em uma mesa comendo com um grupo e, quando começam a engasgar, sentem vergonha por estar com problemas. Inevitavelmente, elas se levantam e, quando os amigos perguntam se está tudo bem, se precisam de ajuda, fazem gestos dizendo que está tudo bem e vão para outro lugar, para que seu desconforto não incomode ninguém. Só quando estão sozinhas, lutando para respirar, é que entendem que precisam de ajuda, mas aí já é tarde demais.

Amiga, suas dificuldades não demonstram fraqueza; demonstram apenas que você é humana. Sua inexperiência não significa que você não terá sucesso; significa apenas que ainda não chegou lá. Pare de fingir. Pare de dissimular. Pare de sofrer em silêncio. Pare de se colocar como mártir. Pare de assumir tudo sozinha, ficando em seguida amargurada por causa disso. Pare de perder tempo com atividades que você detesta para se punir pelo tempo que quer para si mesma.

Lavar montanhas de roupa suja não fará seu marido apoiar seus sonhos. Trabalhar horas como voluntária na igreja não fará sua irmã compreender seus objetivos. Você não pode conquistar independência às custas da própria vida – ela é um direito que lhe foi concedido quando você se tornou adulta. Se for preciso, e quando for preciso, levante a mão e peça ajuda, independentemente do que os outros pensem sobre isso.

Existem centenas de maneiras de aprender a nadar e uma maneira muito fácil de se afogar: não querer admitir que está se afogando.

Comportamento 5

CONSTRUA AS BASES PARA O SUCESSO

Passei anos conversando com mulheres sobre caminhos para o progresso sem perceber que muitas delas não têm uma base sólida para seguir com seus objetivos, mesmo quando estão motivadas para isso. A verdade é que não importa se você se sente motivada a atingir um objetivo se a sua vida cotidiana vai te sabotar antes que você vá muito longe. Eu não havia sequer dado um nome a essa falta de bases até que comecei a pesquisar as razões que as mulheres davam para explicar que estavam enfrentando tantas dificuldades. O que precisamos ter em ordem antes de realizarmos nossos sonhos muitas vezes não são coisas que costumamos associar ao sucesso. Em geral, pensamos nelas como parte das nossas vidas. Mas, se não temos esses elementos fundamentais organizados antecipadamente, avançar em direção ao nosso objetivo pode parecer uma aposta arriscada demais.

Temos que fazer o trabalho inicial necessário se vamos avançar por novos caminhos. Precisamos nos preparar para ganhar.

Pense nisso da seguinte maneira: você é como um vaso. Ouvi isso uma vez e achei uma ótima analogia. Imagine que você é um vaso de vidro e alguém está despejando água em você. Essa água é tudo de que você precisa para sobreviver. Então, você, como o vaso de vidro, está cheia de vida, energia, nutrientes, amor e alegria – só coisas boas.

Só que nós, mulheres, muitas vezes não pensamos em nós mesmas na mesma medida com que nos preocupamos com os outros, por isso arriscamos, empreendemos. Inclinamos nossos vasos para a frente, para trás e para os lados de modo que as coisas boas transbordem para aqueles que nos rodeiam. Damos um pouco para nossos filhos, colegas de trabalho, pais ou amigos. Continuamos nos inclinando. Inclinamos um pouco aqui, transbordamos um pouco ali e, mais cedo ou mais tarde... o vaso cai e se quebra em mil pedaços. Nós nos esforçamos tanto tentando cuidar dos outros que nos destruímos no processo.

Mas veja que incrível: se você for um vaso que se mantém firme e orgulhoso sobre uma base sólida, se você aceitar todas as coisas que estão sendo despejadas em você, o que acontecerá com a água no vaso? Ela transbordará e derramará sobre todos ao seu redor.

Eu sei que essa é uma daquelas coisas que ouvimos o tempo todo, e você diz: "Ok, entendi."

Estou aqui para dizer que não, você não entendeu. Não entendeu nada! Estou desafiando você agora. Se você está desconfortável, se está sofrendo, se está cansada, se está ansiosa, se está deprimida, se está sofrendo de alguma forma, é porque não está firme sobre uma base sólida e deixando seu vaso transbordar. Você não está se preparando para o sucesso. Mas você pode fazer isso. Aqui estão alguns passos concretos para você fazer exatamente isso.

SEJA SAUDÁVEL

Não consigo pensar em nada tão importante para garantir o sucesso quanto me sentir bem física e emocionalmente. É possível alcançarmos um objetivo mesmo não estando na nossa melhor forma, mas é muito mais difícil do que o necessário. Você pode dirigir com um pneu furado, mas, quando o carro está com tudo em ordem e o tanque de gasolina está cheio, você pode voar. Na última década eu me esforcei muito para ficar física e emocionalmente saudável e, embora esse processo demandasse muita consciência pessoal e trabalho duro (além de muita terapia), há um punhado de coisas práticas que identifiquei como transformadoras para a saúde e que você também pode implementar. Estas são as cinco mudanças que fiz na minha vida ao longo dos anos e que fizeram com que eu me sentisse fisicamente capaz de realizar todos os meus sonhos. Estes são os "Cinco hábitos para o sucesso" que mencionei anteriormente.

1. Hidrate-se

Beba cerca de 35 mililitros de água por quilo de peso todos os dias. Vamos fazer as contas. Digamos que você pese 70 quilos. Você deveria beber 2,45 litros de água todos os dias para manter-se hidratada. Neste momento, sempre me fazem a mesma pergunta: "Isso não significa fazer xixi o dia inteiro?" Sim, esse é o objetivo. Eliminar do seu corpo tudo o que houver de ruim.

A hidratação é importante por muitos motivos, mas especialmente para quem está tentando perder peso. A desidratação provoca uma sensação muito parecida com a fome. É provável que você não esteja com fome, mas com sede. Seu cérebro não sabe a diferença, e é por isso que você está lutando tanto para controlar as porções no seu prato. Tente beber uma garrafa d'água e depois veja se ainda precisa de comida.

Você também pode pensar: "Quero esse objetivo. Quero esse plano. Quero ter uma vida melhor. Quero ser promovida. Quero fazer isso." Mas, por falta de energia, você acaba desistindo. Nada parece dar certo. Você não entende a razão, mas também não bebe água desde a semana passada – e, mesmo assim, foi apenas a água que ingeriu sem querer ao escovar os dentes.

A hidratação é um dos elementos fundamentais para o sucesso, por isso, sempre que alguém quer começar um novo plano, seja ele qual for, recomendo que dê este primeiro pequeno passo. Basta beber água. Assim que você resolver isso e adquirir este hábito, vai se sentir pronta para passar a etapas mais complexas.

2. Acorde mais cedo

A segunda coisa que você vai fazer durante o processo de adoção de hábitos mais saudáveis é levantar uma hora mais cedo e usar esse tempo para você. Acho que isso é especialmente importante para quem é mãe. Sei que eu não deveria fazer generalizações sobre as famílias dos outros, mas vou apostar nessa ideia.

Se o seu filho te acorda pela manhã, você está ferrada. Totalmente ferrada. Você está em apuros. Se o bebê está chorando ou a criança te acordou pedindo cereal, você está começando o dia na defensiva, e não na ofensiva. O segredo é aquela hora extra pela manhã, antes de a família se levantar. Ela é fundamental.

Se você é daquelas que dizem que não têm tempo para si mesmas, esta é a sua chance! Se você quer se exercitar, ler um livro, rezar, escrever o seu primeiro romance ou buscar realizar seus objetivos, levante-se uma hora mais cedo.

Sempre que falo em acordar mais cedo, inevitavelmente recebo mensagens como: "Tenho um bebê de 6 semanas e estou me esforçando para acordar uma hora mais cedo porque só dormi duas horas na noite passada."

Do que você está falando? Como assim?! Se você tem um bebê com menos de 9 meses de idade, este item da lista não é para você! Espere até ele crescer um pouco e só então tente. Seja compreensiva consigo mesma. Adoro saber que você está tentando algo novo, mas você não pode fazer esses ajustes enquanto passa por uma enorme mudança de vida. Portanto, se você tem um bebê recém-nascido, essa recomendação não é para você.

Talvez você esteja pensando: "Sou médica e já me levanto às três da manhã." Uau! Com certeza você não precisa se levantar às duas da madrugada, mas talvez possa realizar essa etapa no fim do dia. Vamos lá, amiga. Estou apenas tentando arranjar uma hora livre em algum momento para que você possa correr atrás do que deseja. Isso é tudo o que quero que você faça.

Se você não tem uma hora sobrando, você não tem vida pessoal.

As pessoas ficam irritadas e respondem: "Você não me conhece! Você não sabe nada da minha agenda!" Vocês estão certas. Não conheço vocês. Mas sei que, se vocês não conseguem encontrar uma única hora para *vocês mesmas* em um período de 24 horas, precisam rever suas prioridades. Vocês precisam perguntar a si mesmas o que estão fazendo com seu tempo.

3. Abra mão de uma categoria de alimentos por 30 dias

Então, vamos beber água, levantar uma hora mais cedo e depois nos concentrar na alimentação sem um determinado tipo de comida. Quero que você abra mão desses alimentos de baixa qualidade por 30 dias. Você já ouviu aquele ditado que diz que, se conseguir abrir mão de algo por um mês, isso se torna um hábito? Bem, quero que você se habitue a não comer bobagem. Bobagem, neste caso, é fast-food, alimentos processados ou qualquer coisa que não seja saudável! A questão é a seguinte: não precisa abrir mão de tudo ou arranjar uma nova dieta porque isso pode ser um exagero – principalmente se você também está tentando realizar um objetivo. Quero que você escolha uma categoriazinha... e então a evite como se fosse uma praga bíblica.

Se você consegue abrir mão de algo – abrir mão mesmo, sem trapacear –, você cria um novo hábito. Detesto falar em trapaça, mas, se você quebrar esse compromisso, tudo vai por água abaixo. A estratégia não funcionará. Como em quase todos os casos, se você fracassar, eu apenas direi: "Tente novamente, tente novamente, tente novamente." Mas, se você não conseguir manter esse compromisso por um mês, deve recomeçar do zero até completar 30 dias.

Para você, o desafio é: "Será que você pode manter sua promessa por um mês?" Não me importo se você puser outro alimento no lugar do que você cortou. Não me importo se você é do tipo que pensa: "Bem, não posso tomar Coca Sem Açúcar, então vou de limonada – que tem muito açúcar, mas pelo menos não tem muitos ingredientes químicos!" O foco aqui não é o item do qual você está abrindo mão; trata-se de provar a si mesma que consegue manter sua palavra. E provar que seu estômago pode sobreviver sem um molho hiperindustrializado.

4. Mexa-se todos os dias!

Você vai beber água, acordar uma hora mais cedo, abrir mão de uma categoria de alimentos por 30 dias e se exercitar. Não, você não tem que fazer CrossFit ou se inscrever em um treinamento em que os instrutores gritam com você durante uma hora. Quer dizer, a menos que você goste disso. O fundamental é mexer o corpo por 30 minutos todos os dias. Vou logo avisando: se você não arranjar tempo, energia e força de vontade para se exercitar 30 minutos todos os dias, sete dias por semana, teremos um problema, um problema muito grande. Não estou pedindo que você corra uma maratona. Estou pedindo que você se movimente.

Sei que existem 100 milhões de distrações que te estimulam a ficar deitada, assistindo à televisão ou navegando na internet ao celular, mas, se isso é a única coisa que você faz no seu tempo livre, está desperdiçando sua energia. Você não tem que ter determinadas medidas ou determinado peso, mas você precisa ter energia. Você é um animal. Como um guepardo, um antílope ou um lobo. Não há animais com sobrepeso na natureza. Isso não existe.

Os únicos animais com sobrepeso são os que vivem em casa conosco. Animais selvagens não têm sobrepeso; animais de estimação, sim. Você não é um animal de estimação. Você é uma mulher forte, bela e arrojada, então aja como tal.

Estudos têm sido feitos com pessoas que têm os mais altos desempenhos, como os atletas de ponta, as grandes empresárias, os melhores no mundo. Entre os entrevistados, cerca de 97% – juro, pode pesquisar – praticam exercícios físicos por, no mínimo, cinco dias por semana. E isso não se deve a nenhum gene especial que eles têm e você não. O que acontece é que eles sabem que energia gera energia. Você quer atingir o seu objetivo? Mexa-se por 30 minutos todos os dias e garanta que seu corpo esteja pronto para entrar em ação de acordo com a direção que você tem em mente para a vida.

5. Pratique a gratidão diariamente

A quinta coisa que eu quero que você faça é sem dúvida a mais importante. Escreva todos os dias 10 coisas pelas quais você é grata. Escreva no seu telefone, anote na agenda, faça como quiser, mas reserve 12 minutos para fazer a sua lista. Não liste itens muito grandiosos, como ser grata por seu parceiro ou pela capacidade de respirar. Anote coisas que tenham acontecido no seu dia, como uma deliciosa xícara de café que você tomou ou alguém que deu a vez para você entrar na autoestrada, apesar do trânsito intenso. Você conseguiu se encontrar com uma amiga, anote. Seu filho de 5 anos contou uma piada sem graça e você riu assim mesmo, anote. A ideia é que você, já sabendo que no fim do dia terá que listar acontecimentos para agradecer, passe o dia em busca de bênçãos. Se você passar o dia procurando motivos para ser grata – eis a mágica! –, você os encontrará.

Viver em estado de gratidão muda tudo. Quando nos sentimos abençoadas, enxergamos enormes possibilidades. Acreditamos que coisas boas são possíveis e que talvez aconteçam conosco. Quando se trata de estabelecer a base para o sucesso, ajuda muito acreditar que o sucesso é de fato possível. Se você não fizer mais nada do que eu sugeri, pratique pelo menos isso.

Se você achar que não consegue seguir as minhas cinco orientações, tente esta última e a realize por um mês. Sugiro um mês porque percebi que, como comentei, quando consigo fazer alguma coisa regularmente por 30 dias, incorporo como hábito. Quando você tiver praticado a gratidão de forma consistente por um mês, tente acrescentar a ingestão de água e depois, quem sabe, os exercícios físicos. Isso tudo faz parte da sua preparação para o sucesso. Você certamente pode buscar realizar seus objetivos enquanto enfrenta dificuldades físicas ou emocionais, mas cuidar de si mesma lhe proporcionará energia exponencial para seguir fiel à sua meta.

ORGANIZE SEU ESPAÇO PESSOAL

Por ter sido criada em uma casa que às vezes era um caos absoluto, cresci me sentindo insegura. A única coisa que eu podia controlar era minha cama. Então, eu a arrumava todos os dias. Quando virei adulta e consegui o meu primeiro apartamento, ele ficava situado em um lado ruim da cidade. Na verdade, era um apartamento mal localizado, mas estava sempre limpo. Isso era algo que eu podia controlar.

Sua casa é algo que você pode controlar. De tudo que faz parte da sua vida, essa é a de acesso mais fácil. Certa vez, eu estava assistindo a *The Oprah Winfrey Show* e a apresentadora disse: "Sua casa deve estar à sua altura." Se a sua casa é caótica, suja ou desorganizada, você precisa tomar uma atitude. Em vez de continuar no Instagram vendo as vidas bacanas de outras mulheres para não precisar reconhecer que a sua é uma bagunça, tome uma atitude. Sua casa é o reflexo do que está acontecendo dentro da sua cabeça e do seu coração. Se a sua vida está fora de controle, comece a pôr ordem reassumindo o controle do ambiente ao seu redor.

Sei que há pessoas lendo isto que não têm casa, que não têm acesso a muita coisa, que têm apenas um cantinho cercado pelo caos. Para vocês, eu aconselho a cuidarem do seu espaço, seja ele sua cama, seu carro ou sua mesa de trabalho. Organize sua vida. Mantenha seus espaços limpos. Invista na sua aparência. Tudo isso está relacionado ao autorrespeito e à definição de um padrão para você, sua vida e seus filhos. Isso não custa dinheiro. O autorrespeito não custa nada além do esforço. Organize-se.

Outra coisa para ter em mente sobre os espaços pessoais é que eles não precisam apenas de organização e limpeza. Precisam também ser preenchidos com lembretes da direção que você estabeleceu como meta para a sua vida futura. Quando abro a porta do armário, encontro lembretes com fotos que refletem o que visualizo como o mais importante para o futuro, porque quero me lembrar todos os dias do que motiva todo o meu esforço. Uso imagens e palavras. O carro, o escritório e até mesmo o espelho do banheiro recebem bilhetinhos com palavras e citações que me inspiram. Este capítulo todo trata da preparação para alcançar o sucesso por meio da construção de uma base sólida. Os espaços que você ocupa podem ser plataformas para a construção de uma nova vida – ou a âncora que te puxa de volta para o fundo do mar, sob as ondas.

CRIE UMA COMUNIDADE IMPORTANTE

Você é uma combinação das cinco pessoas com quem mais convive. Pense nisso. Quem você vê com mais frequência? De quem são as palavras que você ouve mais? Que opiniões e percepções você absorve regularmente? Existe alguém entre as cinco pessoas mais próximas no seu dia a dia que esteja em melhor situação que você na vida? Ou seja, há algo nessas pessoas que você queira absorver? Será que elas têm alguma habilidade ou característica que você se orgulharia em adotar? Quando você sai com essas pessoas, existe alguma área da sua vida que elas te motivem a buscar?

Se você é a pessoa mais inteligente da sala, está no lugar errado. Se, em seu grupo de amigas, você é a mais focada no crescimento, a que tem melhor desempenho, a mais solidária, a mais bem-sucedida, você está no lugar errado. Seu objetivo deve ser se cercar de pessoas melhores que você nas áreas em que pretende melhorar. O ideal é que os seus pontos positivos influenciem as outras pessoas e que os pontos positivos delas influenciem você. Mas, se todos que te cercam estão esperando que você os motive, sua desvantagem é nítida. A probabilidade de essas pessoas puxarem você para baixo é muito maior do que a sua de trazê-las para o seu nível.

Vale a pena dizer que não estou sugerindo que você desista dos relacionamentos que tem porque a pessoa não é tão bem-sucedida quanto você ou não é tão focada em crescimento pessoal. Estou sugerindo que você se certifique de estar interagindo regularmente com pessoas que estão liderando em áreas em que você gostaria de se aperfeiçoar.

Quero sair com outras mulheres ou outros casais que sejam um exemplo das características que eu gostaria de ter como mãe, esposa, empreendedora e amiga. Se você quer crescer na sua carreira, mas todos os seus amigos ainda estão na casa dos pais, sem planos de fazer muita coisa da vida, como eles podem te apoiar? Se as suas amigas – aquelas que te assessoram e lhe oferecem conselhos – não acreditam no casamento, que bons conselhos elas podem lhe dar sobre o seu?

Lembro um verão em que estávamos de férias no Havaí; essa viagem aconteceu em uma fase muito difícil do nosso casamento. Saí de férias já me sentindo frustrada com Dave e passar muito tempo junto com ele só piorou a situação. Eu estava tão irritada que isso influenciou cada minuto daquelas férias. No meio da viagem, algumas das minhas melhores amigas foram nos visitar, e eu fui buscá-las no aeroporto. Eu estava há dias pensando: "Ótimo, as meninas estão chegando e eu vou desabafar com elas sobre como esse homem é terrível! E elas certamente vão dizer: 'Sim, dane-se ele!'" Além disso, como são lésbicas, achei que embarcariam ainda mais em críticas que eu tinha em mente, do tipo "Maridos são péssimos!". Eu tinha planejado tudo!

Então, entramos no carro e eu comecei a despejar todas as minhas frustrações. Sério, Deus abençoe essas mulheres, porque elas imediatamente começaram a me questionar sobre o que eu realmente esperava de um casamento. Elas me relembraram como é ter boa vontade e reforçaram que todo mundo tem momentos difíceis, e que é nos momentos mais difíceis que mais se deve procurar uma aproximação com o parceiro. Elas me relembraram quem eu quero ser.

Agora, se eu tivesse entrado no carro com pessoas de pontos de vista totalmente opostos sobre o que é ter um casamento forte e bonito, teria saído dali com um espírito totalmente diferente. Elas teriam colocado mais lenha na fogueira e, com isso, piorado a situação. Teria sido uma coisa muito fácil de acontecer.

Suas amigas estimulam você positiva ou negativamente?

Você é uma combinação das cinco pessoas com quem mais convive. Escolha com sabedoria.

DESENVOLVA ÓTIMOS HÁBITOS

Para sair de onde eu estava e chegar aonde queria, tive que aprender tudo sobre hábitos. Tive que aprender a trocar os maus hábitos que eu tinha pelos bons hábitos que precisava desenvolver para avançar. Muitas pessoas pensam que uma única coisa, uma oportunidade, vai fazê-las ser bem-sucedidas em tudo. A verdade é que o sucesso é resultado da realização de 50 ações repetidas inúmeras vezes. A intensidade não é tão importante quanto a regularidade. O que acontece com a regularidade é que, por um tempo, você realiza uma determinada ação e tem a impressão de que nada está acontecendo. Essa sensação se prolonga e se repete até que, de repente, "Caraca, o que aconteceu?!".

Que hábitos você tem agora que te ajudarão a chegar aonde você quer ir? Viver bem envolve desenvolver bons hábitos. Mas o que é exatamente um hábito? Um hábito é uma série de três coisas:

1. Um alerta.
2. Uma ação.
3. Uma recompensa.

O alerta indica que algo está acontecendo. É um gatilho para você, pois sinaliza para o cérebro que está na hora de começar a ação. Então, quando você age (de maneira totalmente inconsciente, vale dizer), você recebe algum tipo de recompensa. Um alerta, uma ação, uma recompensa.

Por exemplo, eu passei muitos anos sentindo fome emocional. Quando você sente esse tipo de fome, cada emoção gera um impulso para você comer alguma coisa. Se está triste, você come. Se está feliz, você come. Se está ansiosa ou zangada, você precisa comer e depois complementar com um doce. Aprendi que a comida era o único recurso a que eu tinha fácil acesso capaz de fazer com que eu me sentisse melhor. Então, quando cresci, sempre que sentia ansiedade ou medo, eu ia para a cozinha às 11 horas da noite e comia tudo o que visse pela frente.

Meu alerta era a ansiedade, minha ação era comer e a recompensa era me sentir melhor. Por um breve período, aquela comida toda me deixava animada e feliz. Mas, como a maioria dos péssimos hábitos, assim que a animação com a recompensa começava a se dissipar, um novo alerta era disparado. Portanto, se eu comesse uma caixa inteira de biscoitos salgados e metade de um pote de requeijão, ficava muito feliz. Mas, 20 minutos depois, começava a pensar: "Você é uma droga de pessoa! Estragou a sua dieta. Você tem se esforçado tanto e simplesmente jogou tudo fora. Você é um lixo!" Juntamente com a autocrítica negativa, vinha o pensamento: "Bem, já que estraguei tudo, vamos à sobremesa." Aí eu comia a sobremesa e me sentia bem novamente, para tudo recomeçar em seguida.

O ciclo de gatilhos recomeçava, seguidas vezes, até que eu

finalmente entendi que não era uma questão de estresse, e sim da ação que eu inconscientemente praticava quando o alerta de estresse era enviado. Eu não podia mudar o que acontecia nem os momentos em que eu me sentia amedrontada, triste ou ansiosa. O que eu podia mudar, no entanto, era a reação em resposta àquele gatilho.

Atualmente, quando me sinto ansiosa, saio para correr, faço exercícios físicos. Aliás, eu odiava quando as pessoas diziam: "Se você estiver se sentindo estressada, exercite-se." Eu pensava: "Dane-se, Pam! Nem todo mundo é assim, ok?!" A questão é que Pam também não é. Ela só escolheu uma resposta melhor para gerenciar suas emoções. Ela desenvolveu sozinha um hábito muito saudável.

A solução para qualquer mudança é sempre muito simples. Por exemplo, emagrecer é simples. É simples entrar em forma. É simples economizar. Tudo é muito, muito simples, mas não é fácil. Nem rápido. Não é uma recompensa que você recebe imediatamente. Em geral, você deve escolher uma coisa mais difícil, cuja recompensa demora mais a vir. O problema é que, na maioria dos casos, a atividade que você *quer fazer* – o mau hábito – oferece uma recompensa mais rápida do que a atividade que é melhor para você.

É difícil mudar porque as escolhas ruins são muito mais acessíveis do que as boas. Você está habituada aos maus hábitos. Eles parecem mais naturais para você. Seu objetivo ao ler este livro pode ser um entre muitos: entrar em forma, comer melhor, dedicar-se mais a seu parceiro, ser uma mãe melhor, uma pessoa mais calma, diminuir a ansiedade e a depressão ou mesmo trocar a depressão pela gratidão e pela alegria. Talvez você queira alcançar todas essas metas. No entanto, é possível que você esteja há um ano, uma década ou a vida inteira sentindo raiva, afastando as pessoas, comendo compulsivamente, abusando do álcool, ignorando os filhos, trabalhando demais. Você tem a sua própria história, e deve preencher as lacunas do modo mais adequado. Talvez isso faça com que você ache que não pode trocar as ações ruins pelas boas, mas sei que se você está respirando agora, se está viva, isso significa que é possível recomeçar. Você pode recomeçar quantas vezes quiser até que a sensação de seguir na direção certa seja mais natural do que a inclinação a desistir. Seja o que for que você esteja enfrentando, seja qual for a sua luta, obstáculo a superar ou o que for que esteja tentando alcançar, há maneiras de, aos poucos, você assumir o controle da situação à medida que a cada dia você volta e repete a ação, cria o hábito, estabelece uma regularidade.

ESTABELEÇA UMA ROTINA MATINAL

O último tópico a respeito da nossa preparação para o sucesso é a sempre importante rotina das manhãs. Sei que discutimos isso no início do capítulo, mas é uma parte tão relevante da construção de bases sólidas que eu gostaria de investir um pouco mais de tempo nisso e aprofundar a discussão. É difícil acreditar que ter um bom dia seja um fator tão essencial na preparação para o sucesso, mas de fato é. Acho que não entendi isso até ter filhos. Antes de ter filhos, a manhã era minha. Eu decidia quando queria acordar, o que queria fazer com esse tempo. Nunca abria os olhos e via uma criança me encarando como um figurante do filme *Colheita maldita*! Mas depois eu tive filhos e de repente outra pessoa estava dando as ordens nas minhas manhãs, o que supostamente seria bom se eu fosse uma daquelas mães organizadas que conseguem fazer com que a maternidade pareça fácil. Só que a minha realidade foi muitas vezes confusa, caótica, difícil e frustrante. Eu e Dave (mal) sobrevivíamos àquilo tudo, e eu saía para levar as crianças para a escola. Como a manhã era caótica e frustrante, eu começava quase todo dia de trabalho me sentindo caótica e frustrada. Era difícil mudar a sensação.

Foi só quando comecei a acordar uma hora antes de meus filhos que entendi como é importante estar à frente do dia. Agora, planejo detalhadamente minha rotina matinal de acordo com o tipo de dia que eu quero ter, porque, se você controla a parte da manhã, você controla o dia todo. Se você controla o seu dia, então você controla a sua semana. É a melhor rotina que você pode definir para si mesma, e a minha é composta de práticas que criei e reformulei centenas de vezes para obter o melhor começo de dia possível. Estou compartilhando isso agora para que você possa criar sua própria rotina com mais tranquilidade.

1. **Acordo às 5h da manhã.** Nossos filhos normalmente acordam às 6h45, então eu me acostumei a me levantar às 5h45 para ter uma hora "para mim". Mas eu percebi que ter apenas uma hora livre me obrigava a fazer as coisas correndo. Eu realmente gosto do ritual de tomar uma relaxante xícara de café e não quero fazer isso com pressa. Então agora eu acordo às 5h e ligo a cafeteira (um dia vou aprender a programar essa porcaria). Tomo um copo d'água enquanto o café fica pronto, depois passo a trabalhar no projeto do momento, seja ele qual for. Gosto de trabalhar nos projetos importantes no início da manhã porque eu geralmente não estou acordada o suficiente para me questionar, o que significa fazer grandes progressos.

2. **Depois que termino o trabalho da manhã, faço uma meditação de 15 minutos com foco na gratidão.** Se você nunca meditou, pense nisso como a oração guiada. No meu caso,

uso esse tempo para me concentrar nas minhas bênçãos para começar o dia consciente de todas as coisas que tenho a agradecer.

3. **Em seguida, escrevo no meu diário.** Este é um hábito muito rápido de escrever minhas intenções para o dia – algumas coisas pelas quais sou grata e uma mensagem me lembrando quem eu quero ser.

4. **Depois de ter conseguido realizar algumas coisas, tomado o meu café e me preparado mentalmente para dar o melhor de mim, é hora de acordar os diabinhos que dormem no fim do corredor.** A hora seguinte do meu dia é toda dedicada às crianças. Eu e Dave preparamos o café da manhã, escovamos os dentes deles, os vestimos, preparamos os lanches e despachamos todos para a escola.

5. **Depois que as crianças vão para a escola, eu corro para me aprontar para o trabalho e sempre, sempre, sempre ouço música animada enquanto me arrumo.** Adoro música e a uso constantemente para me animar. Tenho uma caixa de som Amazon Echo no banheiro, o que me permite mandar tocar qualquer coisa a qualquer momento por comando de voz. Adoro poder estar no chuveiro e dizer: "Alexa, tocar *Shake it off*, da Taylor Swift" (e dois segundos depois estou acompanhando a Tay).

6. **Quando estou pronta para sair para o trabalho, volto à cozinha e preparo meu suco verde.** Não é delicioso nem emocionante, mas é lotado de ingredientes que realmente me fazem bem, além de eu ficar satisfeita durante horas. Começar o dia de forma saudável define o tom das horas seguintes.

7. **A última coisa que faço como parte da minha rotina matinal é escrever a minha lista de 10 sonhos e um único objetivo que vai me fazer chegar lá mais rápido.** 10, 10, 1, lembra? Essa é uma ótima maneira de me concentrar antes de começar a minha lista de afazeres, e adoro ter um caderno cheio de coisas que me lembram quem eu quero ser.

Comportamento 6

NÃO DEIXE QUE TE CONVENÇAM A DESISTIR

Alguma vez você já passou por uma situação em que você estivesse motivada, inspirada e pronta para avançar em direção ao seu objetivo? Talvez você estivesse dedicada a entrar em forma, com um bom grau de progressos. Talvez tivesse decidido voltar a estudar. Talvez estivesse treinando para essa meia maratona. Fosse o que fosse, você estava focada nesses objetivos. Até que... alguém entrou no seu caminho.

Isso pode acontecer de muitas maneiras por centenas de razões, mas muitas vezes o que ocorre é algo assim: você está seguindo a dieta direitinho, mas vai a uma reunião familiar e alguém (ou vários alguéns) fica consternado com a situação. "Mas é uma ocasião especial! É Natal! Nós sempre tomamos margaritas – como assim você não vai beber hoje?" A verdade é que manter a dieta em uma festa de família ou em um feriado é muito, muito difícil. Então, quando as pessoas te colocam em uma situação difícil (na melhor das hipóteses) ou te provocam impiedosamente (na pior das hipóteses), você permite que as emoções que elas evocam te convençam a sair da dieta.

Talvez você esteja treinando para sua primeira corrida ou tenha decidido voltar a estudar para fazer um mestrado. Inicialmente as pessoas da sua vida são a favor disso. Voltar a estudar é bom. Fazer exercícios e ficar em forma são ótimas providências. Todos ao seu redor concordam. Mas então você começa a reservar tempo na sua agenda para se dedicar a essas metas, e, conforme você avança, são necessárias mais horas de dedicação – ao treino, aos estudos ou à redação de um relatório para o curso. O tempo livre que você costumava ter agora é dedicado ao seu novo objetivo. E as pessoas que fazem parte da sua vida se sentem deixadas de lado ou, o mais comum, incomodadas. As escolhas que você está fazendo parecem cada vez mais egoístas, e alguém próximo fala sobre isso: "Você sabe, é realmente difícil ficar sozinho com as crianças às quintas-feiras, quando você está na aula." Ou: "Costumávamos estar sempre juntos e sinto que nunca mais te vejo!" Você já estava se sentindo culpada com suas escolhas e a rotina está ficando mais difícil a cada dia, por isso você cede para deixar todos felizes. Deus te livre de ver os seus ficando chateados com você! É melhor desistir do seu projeto, do seu objetivo, porque, se alguém está incomodado, seu objetivo deve então estar errado.

Podemos falar sobre isso rapidamente? Podemos falar sobre o outro se sentir incomodado por você buscar melhorar como pessoa? Quero conversar sobre isso porque é uma pergunta que me fazem sempre.

Como posso fazer com que minha mãe me apoie mais?

Como posso convencer meu marido a cuidar das crianças para que eu possa me exercitar?

Como posso fazer meu namorado se alimentar de maneira mais saudável para que seja mais fácil me manter no caminho certo?

Como posso fazer para que meu pai concorde com a minha decisão de mudar de curso?

O melhor conselho que tenho para essa situação é: se você quer mudar outra pessoa, mude a si mesma. As pessoas mudam porque se inspiram no exemplo do outro, não porque foram forçadas a fazê-lo. As pessoas mudam porque veem no outro novas possibilidades, e não porque alguém lhe apresenta insistentemente caminhos e opções. Você nunca vai mudar o outro a menos que tenha coragem, vontade e determinação para mudar a si mesma – e você nunca fará nada disso se não estiver disposta a incomodar as pessoas com a sua jornada.

Incômodos fazem parte de qualquer relacionamento. Vou cuidar dos quatro filhos sozinha por algumas horas no sábado para que Dave possa ir à academia. Ele vai cuidar sozinho dos quatro filhos no domingo para que eu possa fazer uma corrida de longa distância. É incômodo cuidar sozinho de tantas ferinhas? Claro, mas nós dois queremos o melhor um para o outro, e isso significa que estamos dispostos a nos sacrificar para que o parceiro possa crescer. Quantas pessoas trabalham horas extras durante anos enquanto o parceiro estuda na faculdade? Quantas vezes você fez as compras de supermercado? Quantas vezes seu parceiro tirou o lixo, lavou roupa ou ficou com o bebê para facilitar a sua vida? Ser eventualmente incomodado faz parte da vida e, se você tem disposição para fazer isso por eles, é melhor estar disposto a exigir que eles façam isso por você.

Muitas vezes, basta ter uma conversa adulta, séria. Mas, às vezes, é difícil se manter firme diante da resistência alheia. É inevitável que as pessoas que fazem parte da sua vida se sintam desconfortáveis ao verem você começar a reestruturar sua vida para buscar coisas novas. Há muitas razões para seus amigos e familiares não serem solidários: insegurança, medo, autopreservação e complacência, entre outras. Mas este livro não trata das razões deles; este livro trata de *você* tendo uma revelação. Portanto, preste atenção. Os medíocres sempre tentarão te arrastar de volta para a mediocridade. Os preguiçosos sempre tentarão te arrastar de volta para a preguiça.

Por uma razão qualquer, essas pessoas não estão no mesmo estágio que você em suas jornadas de crescimento pessoal, e tudo bem. Todo mundo tem o seu caminho e não é responsabilidade sua tentar trazer essas pessoas junto com você. Sua responsabilidade é aceitar *sua própria vida* e lutar pelos seus sonhos. É como diz minha amiga Elizabeth: "Você precisa de menos desejo e mais ação."

Isso significa que você vai ter que ser firme e definir que as outras pessoas não terão influência na sua vida. Isso significa que você vai se impor e entender que quem está na plateia não pode lhe dizer como subir no ringue e lutar. Se você não se expõe, se não está lutando por mais, se não está correndo essa maratona ao meu lado ou escrevendo esse texto comigo ou criando novos hábitos comigo ou comendo essa couve comigo... enfim, se você não está nesse jogo comigo, não tem o direito de propor nenhuma jogada e certamente não pode fazer comentários negativos sobre o trabalho que estou realizando!

Permitir que alguém te convença a desistir de seus projetos é possivelmente um dos hábitos mais difíceis de mudar, mas essa mudança é um dos melhores comportamentos a adotar. Parte do que torna isso difícil é que nos preocupamos com o que as outras pessoas pensam. Isso está entranhado em nós desde o nascimento. Mas, como mencionei anteriormente, as opiniões dos outros sobre você não são importantes. Fica um pouco mais difícil de lembrar, no entanto, quando as opiniões – mesmo quando elas estão erradas – são de pessoas que amamos e com quem nos preocupamos. A questão é que você não pode controlar como elas se comportarão, o que dirão ou mesmo se serão solidárias. Você só tem controle sobre a maneira como vai reagir em relação ao que elas fizerem e se vai usar o que essas pessoas sentem como razão para desistir do que é importante para você. Em vez de se indispor com todo mundo ou iniciar uma guerra com sua irmã, ou criar problemas em seus relacionamentos, aqui estão algumas atitudes que você pode tomar para garantir que seja capaz de controlar suas próprias reações.

1. PERGUNTE-SE SE ESSA PESSOA DEVE REALMENTE FAZER PARTE DA SUA VIDA

Pense nisto por um segundo. Se alguém não quer o que é melhor para você – mesmo que não entenda sua escolha –, é porque existe um problema entre vocês que precisa ser resolvido, ou essa pessoa não deve fazer parte de sua vida. Você deve decidir se quer seguir convivendo com ela (ou seja, interagir com ela numa boa) ou não. Ponto-final. Sei que para muita gente isso é quase uma blasfêmia, mas você de fato não tem que conviver com quem é negativo ou mesquinho, ou com alguém que te deixa ansiosa ou traz à tona o que você tem de pior. Isso vale até mesmo para a família. Há muitos parentes com quem eu não mantenho contato desde que me tornei adulta. Quando criança, eu não tinha escolha, mas agora eu decidi que não permitiria que essas pessoas mesquinhas ou propensas a criar dramas ou ações passivo-agressivas de bullying frequentassem a minha casa e convivessem com meus filhos. Não é assim que nos comportamos aqui em casa e, embora isso me deixe triste, porque eu sinto falta dos bons momentos que tivemos, não estou disposta a permitir maus exemplos para garantir o convite para o churrasco anual de verão da família. Seja gentil ou vá embora. Esse é o nosso lema e, se você não consegue cumpri-lo, então não é o tipo de pessoa que eu quero na minha vida.

2. PREPARE-SE COM ANTECEDÊNCIA

Na maioria das vezes a resposta não é cortar alguém da sua vida. Com frequência, você consegue reconhecer que a pessoa tem algumas inseguranças e passa a não permitir que isso te afete. Mas, se você esperar até estar na frente da pessoa que te critica para decidir como reagir, vai dar errado. É como estar de dieta e esperar até estar morrendo de fome para pensar no que comer. Você tem zero chance de ser a pessoa que quer ser se não fizer um planejamento. A esperança não é uma estratégia, lembra? Então, da próxima vez que estiver se aproximando de um cenário em que você entrará em contato com pessoas que não te apoiam, planeje antecipadamente como contornar isso.

Por favor, observe que eu não disse *evite isso*. Ir para o almoço de Ação de Graças com o plano para beber o máximo de vinho possível para se entorpecer e não ligar para os comentários não é uma estratégia eficaz. Acredite, sei disso por experiência própria. Como alternativa, pergunte a si mesma o que pode acontecer. Blinde-se para os comentários e tenha respostas prontas para dar. Conheça seus motivos. Lembre-se do seu objetivo e por que ele é tão importante para você. Prepare-se fisicamente. Ouça músicas animadas para deixar seu espírito no ponto certo e decida que a experiência e as interações serão fantásticas porque você não vai permitir que elas transcorram de outro modo. Se a interação for difícil por causa da dieta, da saúde ou dos exercícios, uma opção é comer, se exercitar ou o que quer que tenha planejado antes de encontrar as pessoas. Dessa forma, ao chegar lá, você já terá feito tudo o que precisa.

Há alguns anos eu me tornei pescetariana. Muitas vezes, nas festas familiares não havia o que eu pudesse comer. As pessoas percebiam o meu prato quase vazio e isso provocava muitos comentários e ironias sobre "dar uma de gente de cidade grande".

Muitas vezes eu cedia e comia algo que não queria e saía da festa frustrada e irritada. Eu precisava me preparar para interagir melhor com quem tem dificuldade de entender as minhas escolhas. Agora, preparo uma grande salada e um prato vegetariano e levo a todas as festas da família. Dessa forma, mantenho a dieta, o meu prato fica cheio e ninguém questiona o que está ou o que não está lá. Além disso, minhas saladas são excelentes, assim todo mundo sai ganhando.

3. PLANEJE-SE PARA TORNAR AS COISAS MAIS FÁCEIS

Gostaria que o tema desta seção fosse simples. Eu lhe diria para conversar com as pessoas que fazem parte da sua vida e pedir que passem a entender e a colaborar com os seus objetivos em vez de seguirem agindo sem maturidade e não lhe dando apoio algum. Mas, cara, não é assim tão fácil. Não foi fácil no meu casamento nem com a minha família, então sei que não vai ser fácil nos seus relacionamentos também. Sempre que estou prestes a assumir um novo projeto ou tenho uma fase especialmente cheia de compromissos, faço um levantamento da situação com antecedência para facilitar ao máximo a vida de Dave. Programo as babás, descubro soluções, faço um planejamento minucioso e obsessivo para diminuir ao máximo o impacto do período profissional conturbado sobre a minha vida pessoal. Em última análise, porém, trabalhar em prol do seu objetivo normalmente significa sacrificar alguma outra área da sua vida.

Isto é, seu parceiro terá que colocar as crianças na cama nas noites em que você estiver estudando; você não poderá mais se encontrar com as amigas para comer taco às terças-feiras porque estará cuidando da saúde; seu tempo e sua energia estarão concentrados naquilo em que você estiver trabalhando e você dará menos do que as pessoas esperam receber. Converse com seu parceiro, com seus amigos e com qualquer pessoa cuja opinião você valorize. Conte as suas razões e junte-se a elas na tentativa de encontrar alternativas para o que é essencial e que não poderá acontecer exatamente como acontecia antes. Se você fez tudo o que podia para oferecer uma transição simples e justa para as pessoas de quem gosta, estará mais bem preparada para gerenciar a culpa quando ela começar a pesar e abalar a sua motivação.

Comportamento 7

APRENDA A DIZER NÃO

Sei que isso pode me tornar uma pária em certos círculos sociais, mas vou dizer mesmo assim.

Não faço mais nenhum trabalho voluntário na escola dos meus filhos.

E isso não se deve à falta de tempo. Minha agenda está lotada, mas sou eu que decido o que está nela. Eu poderia arranjar esse tempo. Não se trata de falta de oportunidade, porque eu recebo, como todos os outros pais, os convites para participar do dia do artesanato ou do passeio nas fazendas da família Underwood. Não, não sou mais voluntária na escola dos meus filhos porque... eu detesto isso. Pronto! Sei que vou receber mensagens furiosas por ter admitido isso, mas tenho que ser honesta. É um pesadelo para mim.

Durante anos eu trabalhei como voluntária. Eu era a mãe encarregada de fazer a interface entre os pais e a escola.

Eu montava as atividades de quinta-feira. Planejava as festas e acompanhava as crianças na plantação de abóbora durante o passeio por uma fazenda produtora. Detestei cada minuto disso, exceto a chance de ficar com meu filho durante um dia de semana.

Espera-se que as mães queiram frequentar a escola de seus filhos, certo? Espera-se que queiram se candidatar e amar cada criança do planeta, especialmente todas as da turma de seu filho.

Mas eu não sou assim.

Algumas crianças são insuportáveis nesses passeios fora da escola. Você sabe que é verdade! E montar atividades é tão chato! Não há nada pior do que sentar na cadeira feita para um menino de 8 anos que eles disponibilizam às mães voluntárias!

Detesto tudo isso. Muito.

Agora, só para deixar claro, eu faria tudo isso se fosse preciso. Participei regularmente das reuniões de comitê da pré-escola durante dois anos. Trabalhei na lanchonete no festival de inverno e planejei a arrecadação de fundos anual para a escola de ensino fundamental da região. Por quê? Porque não havia mais ninguém para fazê-lo, e, sempre que necessário, eu me disponho a ajudar.

Mas, se houver 87 outros pais que adoram ser voluntários e estão se perguntando se a mãe de Ford gostaria de se inscrever para o Dia da Ajuda na sala de aula deste trimestre, eu respondo que não. Não, obrigada.

Há alguns anos, Jen Hatmaker nos lembrou da seguinte frase: "Se a resposta não é *claro que sim*, então é não"[1]. Ou seja, quando alguém pede algo fora da sua programação regular e a sua reação imediata não é "Claro que sim!", então a sua resposta deve ser "Não, obrigada".

Trabalho voluntário na escola não é a minha praia e, a menos que não haja ajudantes por alguma razão, não me envolvo com isso. Essa postura me rende todo tipo de olhar torto e comentário sarcástico por parte das outras mães – e eu posso garantir a você que alguém em algum lugar acabou de ler que eu não gosto de ser voluntária e ficou chateado. Esse alguém (talvez muitos alguéns) decidiu aqui e agora – com base nessa única afirmação – que sou uma péssima mãe.

Você nunca deve admitir que não gosta de certas partes da maternidade. Essa é uma regra velada. "Não faz trabalho voluntário na escola?" Posso imaginar as leitoras passionais agitando os punhos. "Que tipo de monstro não quer ajudar a juventude da América? Que tipo de idiota não pode dedicar uma hora por semana para ajudar na sala de aula? Você precisa reavaliar as suas prioridades, amiga!"

Minhas prioridades, como você pode ver abaixo, são superclaras:

- Eu, meu crescimento pessoal e minha fé.
- Meu marido e nosso compromisso com um casamento excepcional.
- Meus filhos e meu compromisso de ser uma mãe excepcional.
- Meu trabalho e minha importante missão de fornecer às mulheres as ferramentas para mudarem suas vidas.

Tenho certeza de que há alguma confusão aqui porque incluí na lista o item "ser uma mãe excepcional" e ainda assim estou confessando que não vou fazer trabalho voluntário na escola dos meus filhos. Bem, esse é o poder de ter muita clareza sobre as suas prioridades e como elas influenciam suas ações. Pessoalmente, não acredito que preciso trabalhar como voluntária na escola para ser uma boa mãe. Você pode acreditar que precisa – e isso é ótimo porque servirá de orientação para a sua própria lista do que quer ou não quer fazer –, mas, para mim, o trabalho voluntário não influencia no sucesso como mãe. Torcer em eventos esportivos, assistir durante horas ao musical da escola, jantar regularmente com a família, tirar férias com a família, levar as crianças em viagens de negócios para que elas passem um tempo a sós com você, ler histórias para dormir, arrumar as cobertas à noite – essas são apenas algumas das coisas que, como mãe, considero sacrossantas. Esses são apenas alguns momentos que considero imprescindíveis quando o assunto é maternidade. Isso é o que me comprometi a fazer, mas, para garantir que vou ter tempo para realizar todos os itens da minha lista de prioridades (não apenas os relacionados aos meus filhos), preciso ter muita clareza sobre o que importa para mim e para eles.

Observe que em nenhum lugar da lista eu escrevi "garantir que as outras mães da escola me aprovem" ou "viver para atender às expectativas e às prioridades das outras pessoas". Não tenho tempo nem energia para isso. Escolhi quatro áreas de foco para minha vida, e, se a atividade para a qual fui convidada a participar não atender a alguma dessas quatro coisas, então não posso realizá-la. Lembre-se: se tudo é importante, nada é importante. Se tudo exigir sua atenção, você nunca terá foco. Se você permitir que outras pessoas ditem sua agenda, elas o farão.

Aprendi a dizer não.

Mais do que isso, aprendi a dizer não sem ter um segundo sequer de culpa ou vergonha, e posso dizer que é uma sensação mágica! Vivo de uma forma que faz sentido para minha família e garanto que estamos melhores agora. Tenho mais tempo para ficar com meus filhos nas atividades que são importantes para nós e não fico correndo por aí exausta e sobrecarregada.

Você já aprendeu a dizer não? Precisa aprender? A seguir, apresento a melhor orientação que posso oferecer para que você desenvolva essa prática.

RESPONDA O MAIS RÁPIDO POSSÍVEL

Para manter a organização no trabalho, você aprende a "pegar uma tarefa e ir até o fim". Ou seja, se abrir um e-mail, deve respondê-lo. Se fizer uma reunião, deve apresentar um plano de ação enquanto estiver na sala. Pegue uma tarefa e vá até o fim. Bem, isso também precisa ser aplicado às solicitações para o seu tempo: receba a solicitação e responda aceitando ou rejeitando o mais rapidamente possível. Nada de *talvez* ou *provavelmente*. *Talvez* e *provavelmente* são códigos para "não quero fazer isso, mas não quero lhe dizer que não tenho vontade". Você não criará coragem de repente para dizer a quem quer que esteja solicitando algo que você não está interessada. Em vez disso, você ficará enrolando até ser tarde demais para cancelar e acabará fazendo o que não queria fazer de jeito nenhum.

É assim que você se torna uma Barbie Amarga. Quando alguém lhe pede algo, siga o seu instinto e responda o mais rapidamente possível.

SEJA EDUCADA, PORÉM HONESTA

Pessoal, eu recebo muitos pedidos. Vocês não imaginam a quantidade de e-mails com pedidos de mentorias, conselhos, apoios a organizações sem fins lucrativos e endossos a produtos que constantemente inundam a minha caixa de entrada. Durante anos eu aceitei todos os convites para tomar café, todas as solicitações para "aproveitar o meu conhecimento" e todas as oportunidades de fazer caridade que surgiram no meu caminho, mas eu estava me afogando em tantas propostas. Eu não sabia como dizer não porque achava que tinha a responsabilidade de retribuir e dar atenção aos outros. Até que finalmente tive uma epifania: toda vez que eu dava uma hora a alguém, estava negando uma hora com os meus filhos. Toda vez que eu dava uma hora a alguém, era menos energia para eu me dedicar ao meu casamento. Todo sim para o outro era um não para mim e para minha lista de prioridades. Então comecei a ser honesta e fiz isso da maneira mais educada possível. Passei a dizer que eu não podia me comprometer com mais nada naquele período porque isso me deixaria mais tempo longe da minha família. Sério, quem é que vai discutir ou ficar bravo com você por isso? Ninguém. Nunca ninguém criou objeções em relação a isso, mas muitas mulheres responderam que nunca tinham considerado essa perspectiva. Um sim à agenda dos outros é um não à sua. Seja honesta sobre aquilo com que você pode se comprometer e faça isso de maneira educada.

SEJA FIRME

Esta dica se aproxima em muito à ideia de pegar uma tarefa e ir até o fim porque, se você não fizer isso de forma eficaz, alguém entrará novamente em contato, o que será uma perda de tempo tanto para você quanto para a pessoa. Seja firme com as outras pessoas de maneira que não deixe nada em aberto, a menos que você queira rever a oportunidade mais tarde. Fora isso, seja firme. Você se comprometeu consigo mesma e com seus objetivos e é importante manter sua posição. Aprenda a dizer não e a fazer isso com eficiência.

Parte III

HABILIDADES PARA VOCÊ DESENVOLVER

habilidade[1]
substantivo
1. a capacidade de fazer algo bem; perícia.

Por favor, note que nesta parte do livro vamos falar sobre habilidades, não sobre talentos. Não se trata das habilidades únicas e especiais com as quais você nasceu, mas das habilidades aprendidas. Desenvolver um novo conjunto de habilidades ou se aprimorar em uma determinada área é algo que pode ser realizado com foco, tempo e trabalho duro. Então, eis uma boa notícia: mesmo que essas não sejam as características que você possui atualmente em seu arsenal, você é perfeitamente capaz de desenvolvê-las. Sem desculpas, ok? Já tratamos desses temas antes, na Parte I.

Habilidade 1

PLANEJAMENTO

A primeira vez que Dave e eu fomos a Amsterdã, nos perdemos.

Éramos um casal jovem e nenhum dos dois tinha viajado para a Europa antes. Cometemos todos os erros clássicos: incluímos muitos países em poucos dias, visitamos todos os pontos turísticos e, embora me custe admitir, levávamos os passaportes e o dinheiro sob a roupa em bolsos especiais de velcro, feitos especialmente para essa finalidade. Amém.

Nessa viagem, fomos a Londres e depois visitamos Roma, Florença e Veneza, onde ficamos presos por causa de uma greve de transportes na Itália. Mas, antes que isso acontecesse, teve Amsterdã.

Serei totalmente transparente. Colocamos Amsterdã na lista porque recebemos uma criação supercertinha e achamos que seria legal conhecer um país onde você pode comprar uma xícara de café e maconha legalizada no mesmo estabelecimento. Algum dos dois fumou maconha ou comeu brownie de maconha? Não. O simples fato de visitar um país por esse motivo já nos pareceu suficientemente ilegal. Em nossa defesa, isso aconteceu por volta de 2005 e nessa época a maconha não era algo tão disponível quanto é hoje. Além disso, éramos idiotas. Mas voltando a Amsterdã...

Voamos de Londres para Amsterdã pela Ryanair – basicamente, uma caixa aerodinâmica de papelão com todas as comodidades de luxo de uma masmorra medieval. Quando estávamos quase aterrissando, o avião arremeteu e nos fez voltar ao céu. Aparentemente, o nevoeiro estava muito denso e aquela foi a solução. Se você é jovem, terá que imaginar um tempo em que os smartphones não existiam – o resto de nós ainda tem pesadelos sobre esse tempo, mas vivemos aquela realidade. O voo foi redirecionado – advinha só – para um país completamente diferente! Juro que não sei como isso é possível, mas aconteceu. Em vez de desembarcarmos em Amsterdã, na Holanda, descemos em Frankfurt, na Alemanha.

Pessoal, eu não tinha um dicionário inglês-alemão. Não tinha o guia de viagens da Alemanha – porque ir para lá nunca esteve nos meus planos. Estávamos totalmente perdidos.

De alguma forma, depois de muitas perguntas e um tanto de mímica, percebemos que estávamos sendo encaminhados para um ônibus. Sim, um ônibus nos levaria a Amsterdã. O ônibus estava lotado de europeus com suas parcas gigantes para enfrentar o frio. O ônibus fedia como a minha minivan depois que aquela mamadeira esquecida estragou no calor do Texas – azedo e inconveniente. Estávamos enjoados e sem saber ao certo se estávamos indo de fato para onde devíamos ir. Em seguida, veio o trem. Olhando em retrospectiva, nem sei como conseguimos chegar tão longe. Talvez tenhamos seguido cegamente as outras pessoas do avião/ônibus até aquele trem, mas, em todo caso, finalmente estávamos a caminho de Amsterdã. Quando chegamos à cidade, saímos da estação de trem sem saber onde ficava o nosso hotel. Tínhamos um papel com o nome e o endereço e perguntamos a diversas pessoas no caminho.

– Você sabe como chegar a esse hotel?

A pessoa não falava inglês. Tentamos outra.

– Desculpe, mas você sabe como chegar a esse hotel?

Outra pessoa confusa que não conseguiu nos responder.

Ou não nos entendiam ou nos respondiam em um idioma que éramos incapazes de decifrar. Paramos um táxi e mostramos o endereço pela janela.

– Amsterdã – o motorista nos disse.

– Sim! Sim, senhor. Amsterdã! Você pode nos levar?

Estávamos exaustos e a essa altura já estávamos abordando pessoas (e rebocando nossas malas) havia quase uma hora.

– Amsterdã – repetiu e, como ficamos apenas encarando o seu rosto sem entender, ele partiu com o carro sozinho.

Passamos a perguntar a todas as pessoas que passavam até, por fim, felizmente, encontrarmos um homem que falava um pouco de inglês.

– O senhor sabe como chegar a esse hotel? – Eu apontava enfaticamente para o endereço no papel já amassado e sujo.

Ele olhou para o papel, depois para nós, então para o papel novamente.

– Sim. É em Amsterdã.

– Sim, nós sabemos. – Apontei para as ruas em volta e perguntei. – Qual direção? Como chegamos lá?

– É em Amsterdã – repetiu ele mais uma vez.

Eu queria gritar, chorar, e ele deve ter sentido a minha angústia porque, com ar formal, ele hesitou em continuar.

– O hotel é em Amsterdã – explicou ele. – Você está aqui.

O horror começou me tomar por completo.

– Onde é aqui? – perguntei.

Ele balançou a cabeça.

– Não Amsterdã.

Não estávamos sequer na cidade certa.

Ainda estávamos a duas horas de distância. Provavelmente

deveríamos pegar outro trem até lá, mas não sabíamos qual. Éramos ovelhas seguindo a multidão. O que era para ser um voo de duas horas acabou sendo um dia inteiro entre aviões, trens e automóveis, e não chegamos ao hotel a tempo de fazer coisa alguma. Tenho certeza de que Deus estava tentando me impedir de ingerir produtos ilícitos em solo estrangeiro, mas a questão permanece.

O primeiro passo para alcançar o seu objetivo é saber para onde você está indo. O problema é que muitas vezes as pessoas pensam que isso é tudo que elas precisam saber. Esquecem de uma peça fundamental do quebra-cabeça: um mapa só funciona se você conhece tanto o seu destino quanto o seu ponto de partida. Dito de outra forma, você não pode chegar aonde quer ir se não sabe onde está.

Você precisa de um roteiro, de um ponto de partida e de uma linha de chegada. Precisa conhecer as metas e etapas ao longo do caminho, e precisa também de um plano de ação. Você pode falar sobre o que quer todos os dias. Pode até encontrar amigas que sonhem junto com você. Mas nada disso importa se você não desenvolver um plano para chegar aonde deseja. As pessoas não se perdem porque não sabem aonde querem ir. Elas se perdem porque começam por um caminho e não continuam checando se estão na direção certa.

Quantas vezes você saiu para viajar sem um mapa ou sem direções? Só saímos como se o destino não nos importasse quando queremos dar um passeio de carro, ouvir música e ver o que aparece no caminho. Mas se realmente sabemos onde queremos estar, se realmente temos um destino em mente, sempre temos um mapa à mão. Por quê? Porque um mapa pode nos levar ao destino de maneira mais rápida e eficiente. Porque, quando temos uma visão ampla, somos capazes de planejar e antecipar coisas que podem aparecer ao longo do caminho. É muito mais difícil ter qualquer tipo de estratégia quando já se está na estrada.

Usei esse roteiro estratégico para todos os projetos de trabalho ou objetivos pessoais mais importantes nos últimos 15 anos. Foi assim que consegui todos os meus principais clientes na área de eventos. Foi assim que convoquei a imprensa sem ter um assessor e usei essa exposição para impulsionar minha carreira. Foi assim que treinei para uma corrida de 10 quilômetros, depois para uma meia maratona e, por fim, para uma maratona completa. Foi assim que escrevi o meu primeiro livro e consegui meu primeiro contrato. Essa é a estratégia e a intenção por trás de tudo na minha vida, de produtos a relacionamentos, e estou convencida de que não há nada que eu não possa fazer. Não é complicado, tem apenas três componentes. O truque consiste em abordar esses elementos fora da ordem habitual em que esperamos que estejam.

Veja, aprendemos a começar no um, depois passar para o dois, e terminar no três. Isso é muito confuso se você não sabe qual é o segundo passo. E como você deveria saber quais são os passos se nunca os percorreu antes?

Descobri que, se eu inverter a ordem e começar com a linha de chegada e então observar de onde estou começando, posso definir com mais facilidade os passos do meio que me levarão de um ponto ao outro.

Veja a seguir como eu faço isso.

A LINHA DE CHEGADA

Antes de mais nada, você tem que começar pelo fim. Antinatural, talvez, mas supereficaz para descobrir qual direção seu caminho deve seguir. A essa altura já trabalhamos juntas o suficiente para que você tenha um objetivo claro e definido, um objetivo no qual você está focada agora. É por aí que começamos.

Para dar uma ideia exata de como usei esse roteiro estratégico, vou compartilhar uma antiga meta pessoal. Eu queria publicar um livro de receitas. Na época, eu era uma blogueira de comida e ter um livro de receitas era o meu principal objetivo! Essa era a minha linha de chegada. Descobri o meu *o quê* específico ao me concentrar no meu *porquê* específico. Eu queria um produto para as minhas fãs que celebrasse as receitas da minha família e que fosse o primeiro produto alinhado com a minha marca na época.

O PONTO DE PARTIDA

Agora que você sabe para onde quer ir, precisa praticar um pouco de autoconsciência e ser realmente honesta sobre o seu ponto de partida. Que vantagens, recursos e hábitos você tem atualmente que podem te ajudar em sua jornada? Como expandir e usar isso tudo para crescer de maneira significativa? Que hábitos você tem que poderiam te atrapalhar ou te tirar do rumo? Como você pode ser proativa e planejar uma solução com antecedência para evitar que eles te atrapalhem? Que bons hábitos você poderia desenvolver para substituir os negativos? Meu ponto de partida para meu livro de receitas foi ótimo. Como blogueira de comida, eu conhecia fotógrafos, designers e um produtor visual especializado em alimentos que me ajudaram a fazer tudo parecer incrível. O que eu não tinha era um agente literário ou qualquer experiência no universo dos livros de receitas. Fui muito honesta comigo mesma quanto às coisas às quais tive e às quais não tive acesso, e então comecei a trabalhar!

METAS + ETAPAS

Agora que você sabe para onde está indo e de onde está partindo, o próximo passo é um *brainstorm* de cada coisa que você achar que pode te ajudar a chegar mais perto de seu objetivo. E um grande *brainstorm* sempre começa com grandes questões.

Por exemplo, como eu poderia obter um contrato para o livro de receitas? Na época, eu não tinha a menor ideia, então fiz exatamente essa pergunta ao Google (pode acreditar, há resposta para absolutamente tudo na internet – e de graça). Encontrei muitas respostas e escrevi todas elas em uma grande sopa de ideias – que é como chamo as minhas sessões de *brainstorm* escritas, porque elas sempre lembram um confuso caldeirão de possibilidades. Quando estou criando uma sopa, meu objetivo é desenvolver pelo menos 20 ideias de como fazer determinada coisa. Anoto tudo o que me ocorreu e, como se trata de um *brainstorm*, não discuto se a ideia é boa. Simplesmente a anoto.

Aumentar meu número de seguidoras nas redes sociais!

Testar receitas!

PESQUISAR propostas de livros!

Escrever proposta de livro!

Contratar designer gráfico!

Ser reconhecida como especialista nessa área!

Contratar agente literário!

Contratar fotógrafo!

Enviar proposta para editora

O problema dessa sopa de ideias, além do fato de ser muito extensa, é que há muitas direções possíveis. Queremos definir uma direção clara e essa página sobre *brainstorm*, embora incrível para fazer as coisas andarem, pode provocar um monte de paradas, começos e tentativas improdutivas. Assim, para avançar, temos que nos organizar, mas a questão é como fazer isso. A resposta é, surpreendentemente, outra pergunta.

Analise o seu *brainstorm* e faça a seguinte pergunta: de todas as ideias que você anotou, quais são as três mais importantes e que, se você tivesse de fato realizado, sem dúvida te levariam ao seu objetivo? Passar de 20 para três ideias pode parecer impossível, ainda mais porque muitas delas são úteis, mas estou convencida de que, se você se forçar a escolher apenas três, essas três serão as metas de que você precisa para retomar o caminho correto, caso tenha se perdido. Como escolher três ideias? Releia seu objetivo final e pergunte-se: "Qual é o passo que vem logo antes disso?" Então, escolha mais duas metas e refaça o caminho no sentido contrário a partir daí.

A questão sobre a meta é que se trata de algo que você não pode alcançar com facilidade sem passar por uma série de outras etapas. Muitas vezes as pessoas hesitam em anotá-las porque elas parecem quase tão impossíveis quanto o próprio sonho. Nosso cérebro imediatamente começa a inventar todas as razões pelas quais será impossível realizá-las. Talvez ele diga: "Claro, claro, claro. Posso anotar a ideia, mas, no fim, a realidade reaparece, assim como meus pensamentos negativos, e eu não sei como vou chegar lá e, nossa, eu gostaria de fazer isso, mas não..."

Não, não, não, não, não. Não se concentre na falta. Não se preocupe em *como* você vai cumprir cada meta. O *como* vai te paralisar. Preocupar-se demais com o *como* é o que nos impede de ir a qualquer lugar. Neste momento, não estamos focadas no *como*; estamos focadas no *o quê*. Como saber quais medidas eu preciso tomar para tornar esse objetivo uma realidade?

Para a jornada de publicação do livro, meu roteiro começou a tomar forma quando eu me obriguei a criar três metas. O último passo antes de conseguir um contrato para a publicação do livro de receitas foi enviar uma proposta para as editoras: meta número três. Ok, então qual é o passo anterior? Bem, o Google me disse que, para enviar a proposta a uma editora, eu precisava ter um agente literário. Nenhum editor aceita o manuscrito de uma desconhecida, então contratar um agente literário virou a segunda meta no meu roteiro. Eu me perguntei o que era preciso para conseguir um agente literário. Há muitas maneiras de fazer isso, mas todas tinham algo em comum: era preciso criar uma proposta explicando o que eu queria fazer. Isso virou a primeira meta do roteiro.

Eu tinha um ponto de partida, uma linha de chegada e três grandes metas no caminho. Agora, *agora*, podia descobrir o *como* ou, como prefiro chamar, as etapas. Me obriguei a criar três metas principais, mas as etapas podem ser numerosas porque existem muitos detalhes, todos os *comos* necessários para passar para a meta seguinte.

Para identificá-las, você inicia seu roteiro pela primeira vez desde que começou a planejá-lo e faz outro *brainstorm* com a seguinte pergunta: "O que preciso fazer para sair do meu ponto de partida e chegar à primeira meta?" Sugiro colocar alguma música animada e anotar o máximo que puder, o mais rápido que puder, qualquer ideia que aparecer na sua cabeça. Não pense muito. Apenas anote as ideias que de alguma forma possam te ajudar a alcançar a primeira meta. Eu chamo isso de lista de possibilidades.

Digamos que seu objetivo seja iniciar um negócio de planejamento de casamento (sim, estou escrevendo sobre o que eu conheço), o que significa que sua terceira meta seria conseguir alguns clientes. Bem, então sua segunda meta seria garantir que seus clientes potenciais conheçam o seu negócio: você precisará de um portfólio, de uma conta no Instagram ou de um site no qual as noivas possam ver seu trabalho. Claro, nada disso importa se você não tem nenhum trabalho para mostrar, então a primeira meta deve ser a criação desse conteúdo. Como criei essa lista de possibilidades para me levar a essa meta, posso dizer que as perguntas que eu me fiz ao longo do caminho foram mais ou menos as seguintes: "Como faço para conseguir conteúdo? Fotógrafos? Floristas? Devo fazer parceria com alguém para desenhar e produzir looks diferentes? Eu poderia trabalhar como voluntária na empresa de outros planejadores de casamento em troca de publicar fotos em meu portfólio? Como outras pessoas criaram portfólios? Há livros que eu poderia ler sobre esse tema? Há influenciadores que eu possa seguir que falem sobre esse assunto?"

Mesmo hoje em dia, quando não sei como chegar ao passo seguinte, eu crio uma lista de possibilidades e encho páginas e páginas com coisas como: "Ah, sim. O primo de Sarah trabalha para aquela empresa que eu queria muito ter como cliente." Muitas vezes bastava começar a fazer a lista para eu me lembrar que tinha um contato. Como perdemos muito tempo preocupadas com o que não temos, não percebemos o acesso que de fato temos.

AVISO: é quase sempre nesse ponto que as sonhadoras começam a vaguear pelo acostamento da estrada para recolher flores do campo em vez de avançar na direção de seu destino. Por exemplo, se a minha primeira meta é "criar uma proposta de livro", há várias coisas que eu poderia pensar para realizá-la: pesquisar propostas de livros, criar um quadro de ideias no Pinterest, descobrir a estrutura de uma proposta para esse tipo de livro, conversar com os autores desse nicho e pedir conselhos, contratar um designer gráfico para me ajudar a criar a proposta, fazer um curso on-line para aprender a fazer propostas de livros, ir a um simpósio de escritores, e assim por diante. A maioria das pessoas vê essa lista e fica animada, pensando: "Caraca, quantas ideias!" Ao mesmo tempo, elas se convencem de que todas são criadas da mesma forma e que todas serão efetivas. Não me entendam mal! Nem todas essas ideias me aproximarão de meu objetivo, mas muitas delas são muito mais sexies e divertidas do que as tarefas que realmente me levarão até lá.

"Criar um quadro no Pinterest? Isso é divertido. Acho que vou fazer isso. Uau, e o simpósio de escritores? Sempre quis ir. E trocar ideias com meus novos amigos do clube de escrita? Perfeito!" Nós nos convencemos de que todas essas ideias são ótimas e que estamos investindo tempo trabalhando para cumprir nossa meta, mas na realidade estamos apenas andando em círculos. Se eu for honesta comigo mesma, identificarei que já sei exatamente o passo anterior à criação de uma proposta para um livro. Não quero cumprir essa meta porque é a parte mais difícil e chata de escrever um livro, mas sei do que se trata. Tenho simplesmente que escrever.

Quero incentivá-la aqui porque, se você estiver sendo realista, deve ter percebido que um dos principais motivos pelos quais você ainda não alcançou sua meta é que as etapas, embora possíveis, exigem muito esforço. As etapas são os *passos concretos*, e você dá um após o outro para chegar ao destino. Mas são sempre trabalhosas. Sempre.

Enquanto escrevo este livro, o lançamento da obra anterior completa alguns meses. Neste momento, já vendeu 722 mil cópias e ocupou o topo da lista de mais vendidos do *The New York Times*. Milhares de mulheres de todo o mundo me enviaram mensagens dizendo como o livro é útil em suas vidas. Que presente! Que bênção incrível, uma realização mais intensa do que qualquer sonho que eu tenha tido! Você acha que o sucesso torna mais fácil escrever *este livro*? Não. Escrever é sempre difícil para mim. Sempre trabalhoso. Mesmo que já tenha feito isso tantas vezes, mesmo que tenha tido sucesso como escritora, mesmo eu acreditando profundamente no que escrevo, ainda assim é um trabalho árduo até a linha de chegada.

A ideia não é que um roteiro torne magicamente a jornada mais fácil. A ideia é que um roteiro torne a jornada mais efetiva. Acredito profundamente na sua capacidade. Acho que você pode conseguir qualquer coisa que coloque na sua cabeça, mas deve se preparar para isso. Você tem que ser implacável na sua busca e flexível nos seus métodos.

Por isso, anime-se e comece a criar as etapas que te levarão a cada meta. Se você não tem certeza de quais são as etapas, faça perguntas melhores. Por exemplo, para a pergunta "Como consigo contratar um agente literário?", minha resposta na época foi "Não sei!", o que não me ajudou em nada. Mas mudando a pergunta para "Quem pode saber como eu consigo contratar um agente literário?" ou para "Onde eu poderia pesquisar para descobrir a resposta?" ou "Existem livros ou podcasts ou vídeos do YouTube sobre isso?", inúmeras respostas surgem. Lembre-se: se você não está recebendo respostas efetivas é porque não está fazendo perguntas efetivas.

Além disso, não se assuste com as múltiplas possibilidades diante de você. Seu objetivo vai parecer gigantesco quando você começar. Você lembra como é que se come um elefante? Um pedaço de cada vez! Quando você está se preparando para realizar um objetivo, é fácil sentir-se sobrecarregada. Há muitas coisas para fazer e o tempo nunca é suficiente para tudo o que é necessário. Se você se parece comigo, deve ter 18 listas de tarefas em andamento. Se você estiver se sentindo sobrecarregada é porque está tentando fazer coisas demais ao mesmo tempo. Vá mais devagar. Faça uma lista diária, outra semanal e uma terceira mensal. Agora, verifique as três. Será que todos os itens dessas listas são essenciais para te ajudar a passar para a próxima meta? Se não forem, reveja e reajuste o foco.

Agora você tem o seu roteiro. O próximo passo é quase tão importante quanto descobrir todo o resto. Entre você e o objetivo que você sempre almejou estão três palavras. Seria bom escrevê-las em um bloquinho adesivo ou, quem sabe, tatuá-las em seu corpo, mas é simples assim: vá com tudo.

Vá com tudo. Aja imediatamente. Não na segunda-feira, não no ano-novo, não no próximo mês, mas agora, hoje. Trabalhe na primeira etapa de seu roteiro.

A propósito, a criação de um roteiro será uma ação importante para muitas de vocês. Mas, por favor, não parem por aí! Fiquem firmes. Muita gente tem facilidade em começar com força total, mas depois acaba não perseverando. Coisas acontecem, a vida segue seu curso e acaba interferindo, e essas pessoas perdem o controle e pensam: "Argh, agora não tem mais jeito."

Não. Não! Amiga, metade da batalha entre você e seu objetivo está na sua determinação de se reerguer. Todo mundo cai, tem deslizes, comete erros, todo mundo sai do rumo. Muitas pessoas seguem na direção do seu objetivo – elas têm o seu roteiro e estão seguindo em frente –, mas, de repente, algo acontece. Às vezes é algo simples como sair da dieta. Às vezes é a perda de uma semana de treinamento, depois duas e, de repente, um mês inteiro se foi. Talvez tenham se passado seis meses ou seis anos desde que elas se sentaram em seus computadores para escrever. O que quer que tenha acontecido, o que quer que você tenha feito ou deixado de fazer, sentir vergonha não é a resposta para superar isso. Está feito, já passou e ficar se martirizando não muda nada. Não só isso é verdade, como também o fato de que nada é para sempre. Qualquer coisa que não seja a morte é temporária. O problema é que você está deixando uma escolha de curto prazo se tornar uma decisão de longo prazo. Você acredita que o que aconteceu no passado define quem você é? Bobagem.

O que te define é a sua próxima decisão, não a última. Portanto, planeje, organize seu roteiro e dê o próximo passo.

Habilidade 2

CONFIANÇA

Confiança é importante.

Confiar é acreditar que você pode contar consigo mesma, que você confia na sua competência para estar na posição que ocupa. Isso é muito importante para qualquer profissional, especialmente se o seu trabalho ou a sua empresa exigir que você se promova para avançar na sua carreira. Mas isso também tem reflexos importantes na sua vida pessoal e naquilo que você pensa sobre si mesma e sobre seus sonhos. Acho que não costumamos falar o suficiente sobre isso.

Se você se acha uma péssima mãe, se você se considera despreparada para assumir o papel de mãe diariamente, qual é a probabilidade de aproveitar a vida e ser uma boa mãe para seu bebê?

Se você sempre sonhou em fazer um triatlo, mas acredita que é péssima em qualquer atividade física e que nunca vai se sair bem no treino, qual a probabilidade de conseguir terminar a próxima corrida?

A confiança é importante e aqui está o segredo: confiança é uma habilidade. Não é algo que nasce com você. Certamente, dependendo da forma como você foi criada, a confiança pode ter sido estimulada desde a infância; mas, se você não teve essa sorte, saiba que é algo que pode desenvolver e que deve buscar. Aqui estão três elementos que descobri que fazem uma grande diferença no desenvolvimento da autoconfiança:

COMO É A SUA APARÊNCIA

Este capítulo está sendo escrito para você diretamente de um dos salões de beleza mais metidos a besta do continente americano. Salão Nine Zero One em Melrose Place, Los Angeles, para ser mais específica. Enquanto escrevo freneticamente no laptop, uma equipe de lindas garotas na faixa dos 20 anos está aplicando tinta nas minhas raízes brancas e luzes nos fios em torno do meu rosto. Uma infinidade de tigelinhas cheias de poções coloridas se espalha por todas as direções. Elas estão colorindo meu cabelo com a precisão de um cirurgião cardíaco pediátrico, tudo isso enquanto conversam sobre a casa que estão alugando para o Festival Coachella e se o novo livro de dieta de Kristin Cavallari é bom ou não. O trabalho delas é uma mistura de arte e bruxaria. Quando terminarem o serviço, vou parecer bem melhor do que estava antes de me sentar nesta cadeira. Todo o procedimento custa o preço de um Sebring conversível de segunda mão... e é apenas o processo de coloração!

Tenho extensões de cabelo e extensões de cílios, fiz uma plástica para aumentar os seios há cinco anos porque estava cansada do peito caído pós-amamentação, que mais parecem meias de cano alto recheadas de pudim. Sei que nem todo mundo aprova a ideia de gastar todo esse tempo e todo esse dinheiro com a aparência física. Sei disso porque recebo mensagens nesse sentido. "Como você pode dizer para nos amarmos como somos para depois gastar tempo e dinheiro em maquiagem, luzes e tinta para o cabelo?" Sei que isso parece hipócrita, mas você pode não ter compreendido uma distinção importante. Acredito que devemos nos amar do jeito que somos... Acontece que o meu jeito de ser envolve cílios postiços.

Sério mesmo, eu adoro maquiagem. Você já viu vídeos no YouTube nos quais as garotas criam visuais diferentes e usam centenas de maquiagens e 14 tipos de pincéis apenas para passar sombra em uma pálpebra? Isso é arte! Uma habilidade adquirida ao longo de anos de esforço, e eu as reverencio. Acho divertido quando me maquio e gosto de como fico depois, mas não faço isso porque acho que deveria ter determinada aparência ou porque a sociedade gosta do contorno do rosto bem delineado. Faço isso porque gosto.

Invisto muito tempo e dinheiro na minha aparência porque isso faz eu me sentir bem – na verdade, acho que isso faz eu me sentir ótima e, quando eu me sinto ótima, fico confiante.

Antes de me aprofundar nisso, preciso acrescentar algumas advertências. Tenho certeza de que nem todo mundo que eu conheço tem a sua autoconfiança atrelada (em parte ou totalmente) à sua aparência. Algumas mulheres tiveram uma educação bacana, que lhes ensinou que o coração, a mente e o espírito são o que importa – é assim que deve ser. Mas só porque uma coisa deveria ser de uma maneira não significa que ela seja sempre assim. Se é para falarmos sobre o que realmente funciona em vez de tratarmos do que deveria funcionar, preciso ser muito verdadeira. Toda mulher que conheço – não consigo pensar em uma única mulher que não seja assim – se sente mais confiante quando gosta da própria aparência.

Todas elas.

Advertência número dois: a confiança vem de você gostar da sua aparência, e não de ter um visual específico.

Adoro cabelo comprido, cílios longos e sapatos de salto alto. Já minhas amigas Sami e Beans adoram usar tênis e boné, e tenho certeza de que acham que muita maquiagem não lhes cai bem. Não é o estilo delas. Se o melhor maquiador do mundo lhes oferecesse uma transformação completa, elas apreciariam a arte, mas odiariam os resultados. Isso faria com que elas se sentissem menos confiantes porque elas não se reconheceriam quando se olhassem no espelho. Sentir-se confiante com a sua aparência não tem a ver com um estilo específico. Sentir-se confiante com a própria aparência tem a ver com ter um estilo pessoal.

Você ama tênis e camisa de botão? Você é fã de cabelo liso e reto e maquiagem mínima? Seu guarda-roupa é tão brilhante e eclético quanto a sua personalidade? Sim para todas as perguntas! Sim para qualquer uma delas. Sim para saber quem e o que você é e permitir que isso transpareça na sua aparência.

Sei que haverá pessoas que discordarão de mim. Sei que haverá pessoas que, ao lerem isso, acharão que estou sendo superficial. Entendo que pareça entediante iniciar um capítulo sobre confiança tendo como base a aparência física – tratar do visual antes de abordar a maneira como você se sente –, mas não acho que seria útil inverter essa ordem. Pelo menos não teria sido útil para mim anos atrás. Li muitos livros que recomendavam olhar para o meu interior, rezar ou repetir mantras ou afirmações para aumentar a autoconfiança. Fiz isso durante anos como uma forma de autoestímulo. Mas, honestamente, nunca me senti de fato confiante até aprender a ter o visual de uma mulher confiante. E o mais louco disso é que a minha versão de mulher confiante provavelmente não se parece em nada com a sua. O segredo não é imitar o ideal de outra pessoa. O segredo é descobrir o seu próprio ideal.

Gostaria que este fosse um livro ilustrado para que eu pudesse mostrar fotos minhas de 2003 a 2016. Para ser justa com a Rachel do passado, sinto que melhorei com o tempo. Mas o processo foi lento e um tanto trágico porque eu não sabia quais roupas usar para o meu tipo de corpo, muito menos arrumar o cabelo ou fazer uma maquiagem. Tudo isso me deixava insegura, mas eu não conseguia admitir, então proclamava em alto e bom som que não era "esse tipo de garota". Eu passava um delineador nos olhos, um *gloss* nos lábios e prendia o cabelo crespo num coque enquanto tentava me convencer de que as mulheres que se preocupavam muito com sua aparência eram superficiais e que estavam se importando com as coisas erradas.

Então, por que é que cada vez que eu arrumava o cabelo e me maquiava para aparecer na imprensa ou na TV eu me sentia como uma milionária? Por que é que eu planejava sair com meu marido sempre depois de filmagens, quando eu sabia que estaria especialmente maquiada? Por que é que eu sempre me sentia melhor, com mais energia e mais bem disposta quando me achava bonita? Porque gostar da sua aparência faz você se sentir bem – e todo mundo gosta dessa sensação.

Essa foi a grande curva de aprendizado para mim como adulta, e tudo começou com o silicone.

Sim, é verdade. Coloquei silicone nos seios. É meio louco admitir, mas estou admitindo. Tenho certeza de que há quem pense "Bom para você". Esse é o sonho de todas nós depois de termos filhos, mas há quem me considere "uma vergonha para feministas de todo o mundo". No entanto, eu fiz plástica e, como sempre sou transparente a respeito dos acontecimentos da minha vida, estou falando sobre isso agora.

Vou começar pelo porquê.

Humm... como explicar isso delicadamente? Quando fiquei grávida pela primeira vez, eu tinha adoráveis e pequenos seios. Eu os amava e eles me amavam também. Depois que o bebê nasceu, o leite desceu e aqueles adoráveis seios tamanho P se tornaram tamanho GG. Não, não é erro de digitação. Isso aconteceu mesmo!

Assim, os gêmeos passaram de pequenos a enormes e, em seguida, esse processo se repetiu. Depois dessa primeira rodada, dei à luz mais duas crianças, o que significa que esse "aumenta e diminui" aconteceu mais duas vezes! Depois que meu último filho, Ford, nasceu, comecei a me exercitar mais, a comer melhor e mantive o peso mais estável, o que foi incrível. Mas os meus peitos estavam em um estado um tanto lamentável, tristes mesmo... vazios. Não é que eles estivessem murchos ou que parecessem cansados. Simplesmente não havia mais nada lá, nenhum recheio, nenhum enchimento. O copo estava, neste caso, sem dúvida, meio vazio. Então, eu que nunca tinha pensado muito sobre os meus seios, agora os notava o tempo todo.

Odiava usar biquíni. Odiava ficar sem sutiã e detestava mais do que tudo ficar nua na frente do meu marido. Odiava também quanto me incomodava algo tão trivial. Dave nunca disse nada. Ele lidava com eles como sempre, com a reverência e a alegria irrestrita de um homem hétero vendo peitos, mas eu me sentia cada vez pior. Como não sou de ficar enrolando e gosto de resolver as coisas, ajeitar os meus seios era algo que eu certamente podia fazer. Decidi que ia levantá-los.

Conheci uma médica incrível, que também tinha tido filhos, então ela entendeu o que eu estava procurando. Levei Dave comigo para a consulta e fiz um milhão de perguntas, a maioria sobre a possibilidade de morrer na mesa de cirurgia, como a mãe da Cher no filme *As patricinhas de Beverly Hills*. Queria saber se perderia a sensibilidade ou teria algum outro problema. Ela tirou algumas fotos para a minha ficha que, vou dizer, são um horror total! Ninguém precisa ver seus peitinhos tristes através da lente de uma câmera de alta definição e sob forte iluminação.

Acabei escolhendo o menor implante disponível porque experimentei os tamanhos maiores e não me senti confortável. Eu não queria ser outra pessoa, queria apenas voltar a me sentir como antes. E repito para você o que Dave me disse quando lhe perguntei o que achava sobre fazer o implante: "Você é linda, não importa o que faça. Basta escolher algo que faça você se sentir bem." Que homem inteligente!

Marcamos a cirurgia. Eu estava animada, mas, conforme o dia foi se aproximando, comecei a entrar em pânico. A questão não era se eu devia ou não fazer a cirurgia, mas se eu sobreviveria. Eu tinha três filhos lindos e a cirurgia é assustadora. E se algo me acontecesse por causa da minha vaidade? Você pode imaginar o legado horrível que eu deixaria?

"Ah, minha mãe era supersaudável, mas queria ficar bem de camiseta regata e agora está morta!"

Fiz os amigos prometerem que, caso eu morresse, eles confirmariam para os meus filhos a história de que eu tinha morrido em uma missão dos Médicos sem Fronteiras. Pouco importa que eu não fosse da área. Nesse passado inventado, eu era muito mais corajosa do que realmente sou.

Na manhã da cirurgia, eu estava um caos. Entrei em pânico assim que entrei no quarto do hospital, por conta dos procedimentos pré-operatórios, e Dave teve que se sentar perto de mim. Não ajudou nada o fato de o anestesista ser um jovenzinho, louro e bronzeado (bem parecido com o Ken). Só conseguia pensar que alguém com aquela aparência só podia ser médico se tivesse acabado de se formar – é disso que estou falando. Dr. Aiden tinha passado a manhã surfando, como ele mesmo nos contou.

Surfando.

Tudo o que eu conseguia pensar enquanto me levavam de cadeira de rodas para a sala de cirurgia era: "Ai, meu abençoado Salvador, este médico surfista com cara de bebê vai ver os meus peitos."

Às vezes, quando fico nervosa, eu me acalmo falando sem parar, portanto eu estava conversando nervosamente quando o médico-modelo colocou o acesso venoso no meu braço. Embora eu não tenha percebido na época, ele injetou algumas substâncias muito fortes. Lembro-me de ter dito à equipe que nenhum anestesista devia se parecer com aquele cara. Ele devia ser careca e ter mais de 60 anos... Devia se parecer com Danny DeVito. Lembro-me de todas as enfermeiras e médicos rindo disso e me lembro de ter pensado: "Cale a boca, Rachel, cale a boca!", mas eu já estava muito longe.

Não podia mais calar a boca.

A última coisa de que recordo antes de apagar foi: "Por favor, Dr. Aiden, o que quer que o senhor faça, não olhe para meus peitos destruídos!"

Não. Estou. Brincando.

Então, acordei e... tinha sobrevivido! Fiquei tão animada por estar viva que sequer me importei com o fato de que meu peito parecia ter enfrentado um lutador de boxe. Foi tudo um suplício: a ansiedade, o pré-operatório, a presença inesperada daquele anestesiologista ridiculamente bonito para me deixar mais nervosa, o tempo de recuperação. Mas, no fim, achei que valeu a pena, e ainda penso isso. Você também acharia? Talvez não. Entendo que nem todo mundo concorda com as minhas escolhas, mas tudo bem. A questão é que a cirurgia era algo que eu queria, algo que eu sabia que me deixaria mais confiante. Eu decido a aparência que quero ter e, quando decidi mudar algo de forma tão drástica e permanente, comecei a considerar outras coisas que eu não considerava antes.

Lembre-se de que durante anos eu disse a mim mesma que as mulheres que se preocupavam com sua aparência eram artificiais e superficiais. Agora eu tinha feito talvez o que havia de mais artificial na vida: deixei que alguém colocasse dois balões dentro do meu corpo, na tentativa de me sentir mais confiante. E sabe o que mais? Funcionou.

Adorei meus peitos novos! Já se passaram cinco anos e ainda os adoro.

Agora eu precisava adequar a história que sempre contei a mim mesma à nova realidade que estava vivendo. Eu tinha feito algo por pura vaidade, mas não me achava uma pessoa vaidosa. Não passava o dia obcecada com a minha aparência e certamente não julgava as pessoas em função disso. Se era possível continuar sendo a mesma mulher que se preocupava com o crescimento pessoal, então era possível que aquilo em que eu sempre acreditara sobre a importância das aparências se baseasse mais nas minhas inseguranças do que em evidências reais?

Sim, obviamente.

Nossas inseguranças sobre qualquer assunto ou despertam nossa curiosidade ou justificam nosso julgamento. Ou vemos a oportunidade de crescer – e assim nos permitirmos conjecturar, perguntar e pesquisar – ou ficamos temerosas e nos fechamos para aquela ideia imediatamente. "Só uma idiota pensaria isso. Só as pessoas frívolas tentam algo novo quando já escolheram um caminho." A insegurança faz com que qualquer pessoa que se comporte de forma diferente da sua seja uma evidência de que você não é boa o bastante.

Julgar os outros ou, o que é mais perturbador, você mesma não ajuda em nada. Quem sabe você não experimenta pintar o cabelo ou vestir jeans bem justos ou calçar botas com os dedos de fora e salto alto... Talvez você nem deteste essas coisas todas. Só que você nunca saberá se não estiver aberta a experimentá-las.

Se a sua autoconfiança já é alta, siga em frente; mas, se você não está à vontade com a sua aparência, o que está esperando para tentar mudar?

Você decidiu que a vida é assim mesmo, e pronto? Não acredite nisso! A vida é o que acreditamos que ela é. E daí que você nunca sabia o que vestir na época do ensino médio? E daí se também não sabia como arrumar o cabelo? Isso foi há muito tempo, e você não é mais aquela garota. Sei que pareço um disco arranhado, mas tudo o que quiser aprender está disponível em vídeos no YouTube neste momento, e de graça. Fazer *babyliss* no cabelo, me maquiar, selecionar as melhores roupas para baixinhas, combinar camisas com jeans branco – literalmente todas as coisas que aprendi nos últimos cinco anos estão lá. Não acredita em mim? Dê uma olhada no meu Instagram e veja as postagens antigas. Não vai demorar até que você diga: "Putz, o que ela estava vestindo? Que cabelo e sobrancelhas eram aqueles?"

Vá em frente. Dou permissão total para vasculharem minhas fotos antigas. Só porque somos de uma maneira não significa que precisamos permanecer assim. O fato de nos sentirmos inseguras não significa que não podemos mudar. Se você não gosta da sua aparência ou do seu estilo, vá à luta! Invista em você! E não deixe que ninguém faça você se sentir culpada por isso.

COMO VOCÊ AGE

Cerca de 10 anos atrás eu era uma bem-sucedida organizadora de eventos em Los Angeles e construí uma reputação no mundo dos casamentos de luxo. Adorava o meu trabalho, mas, depois de anos de noivas neuróticas e de não ter um único fim de semana livre, decidi aumentar os clientes corporativos exatamente por não demandarem o envolvimento emocional que o planejamento de casamentos exigia.

Como mencionei anteriormente, sempre fui decidida; sempre soube qual era minha linha de chegada e a partir daí criava o meu roteiro. Nesse sentido, meu cliente/evento de sonho sempre foi o Festival de Cinema de Sundance. Um evento superglamouroso, cheio de celebridades, e acontecia em um cenário extremamente difícil. Reproduzir o luxo de um evento de Los Angeles em uma pequena cidade nas montanhas de Utah, cujo único acesso é um cânion que pode ficar coberto de neve naquela época do ano, seria certamente um grande desafio. Eu sabia que, se conseguisse produzir aquele festival, minha empresa passaria a um novo patamar.

Sundance virou meu objetivo.

Então, parei para analisar. Se eu quisesse atrair alguma atenção por produzir um grande evento em Sundance, teria que ser um evento que realmente atraísse olhares. Fiz algumas pesquisas e vi que a *Entertainment Weekly* era a principal patrocinadora do festival. Ela oferecia as maiores festas, reunia o maior número de celebridades e, portanto, recebia a melhor cobertura da imprensa. Ela era a melhor e eu queria trabalhar com a melhor.

Eu não tinha competência para isso. Nem todos os eventos são iguais, e um festival de cinema em Utah é algo totalmente diferente. Ainda assim, não havia outra maneira de aprender a produzir o tipo de evento que eu queria se não me arriscasse. Fui em frente. Pedi ao amigo do amigo de um amigo para me apresentar e finalmente recebi um telefonema da equipe de eventos.

Fiz a apresentação da minha vida.

Eles não se interessaram. Foram muito gentis, mas sabiam que aquele não era o meu forte. Como um cão que de repente decide andar ereto em duas pernas, o fato de você conseguir fazer algo não significa que seja a escolha certa. Eles sequer quiseram receber uma proposta para o trabalho.

Fiquei desanimada, mas o desânimo não leva você a lugar algum. A cada duas semanas – durante os 18 meses seguintes – eu entrei em contato com a *Entertainment Weekly*. Enviava o conceito da festa e detalhes dos novos drinques. Comentava sobre os melhores DJs para contratar e as roupas bacanas que a equipe poderia usar. De propósito, dava boas dicas e nunca perguntava se eles me considerariam para um trabalho.

Um dia, a responsável por eventos da *EW* me ligou: "Precisamos de um bufê para o Sundance. Você faz isso, certo?"

Eu não tinha um serviço de bufê, mas eu tinha me esforçado tanto para conseguir essa oportunidade que agarrei a chance. "É claro! Do que vocês precisam?"

Esse momento de fazer a proposta para o meu primeiro trabalho no Sundance é sempre o melhor exemplo que tenho para dar quando alguém me pergunta sobre a ideia de "finja até chegar lá". Detesto essa frase porque sugere que você não tem mais nada em que se apoiar. Há uma grande diferença entre fingir algo que você não tem ideia de como fazer e ter a confiança de assumir um papel para o qual você ainda não está completamente preparada.

Há um estudo que mostra que, quando um homem está procurando um novo emprego, ele se candidata a uma posição para a qual se sente pelo menos 60% qualificado. Sua autoconfiança lhe diz que ele vai completar os outros 40% conforme for trabalhando. Em contrapartida, esse mesmo estudo mostra que, em média, a mulher sente que deve estar 100% qualificada para se candidatar a qualquer coisa.[1] Ok, pense nisso por um segundo. Como você pode ter qualificação para algo que nunca fez? É um paradoxo. Como nunca tenta por medo de fracassar, você nunca passa para o nível seguinte.

Em relação à oportunidade de negócio com o Sundance, eu não tinha uma empresa de bufê, mas havia trabalhado com vários fornecedores durante anos, então sabia do que se tratava. Eu tinha conexões, recursos e habilidades suficientes para, com pesquisa e planejamento, conseguir trilhar o resto do caminho até lá. Eu não estava fingindo porque nunca me ocorreu que não seria capaz de contornar os obstáculos, caso precisasse. Eu tinha anos de experiência em que me sustentar – certamente nada tão grandioso, mas estava confiante. Nunca tinha decepcionado um cliente e certamente não seria aquela a primeira vez. *Nunca* cobraria por um serviço que não tivesse condição de executar. Por outro lado, também nunca teria conseguido aumentar meu conjunto de habilidades se não tivesse me esforçado até o limite da minha capacidade.

Esse evento do Sundance colocou o meu negócio em um novo patamar, assim como eu acreditava que aconteceria. Fechei esse primeiro ano oferecendo serviços de bufê e o ano seguinte como planejadora de eventos. Logo estava produzindo coquetéis e eventos para todos os estúdios e marcas que queriam promover comemorações em Park City. Sundance tornou-se o meu contrato mais rentável. Na verdade, foi ele que custeou o início do *The Chic Site* e a contratação de pessoal quando eu finalmente decidi fazer a transição para essa área.

Muitas coisas boas surgiram da vontade de agir com confiança, mesmo quando eu não me sentia tão confiante assim. É como qualquer outra coisa na vida. Você pode determinar na sua mente o que quer sentir, desde que apoie seu desejo em uma ação. Fui uma planejadora de eventos confiante e depois pesquisei e trabalhei duro para me preparar e aprimorar as habilidades necessárias para realizar aquilo a que me propus.

COM QUEM VOCÊ CONVIVE

Sei que já falei que você se torna uma combinação das cinco pessoas com quem mais convive, mas vale a pena retomar o tema. Anos atrás, minha irmã se formou em cosmetologia e não tinha certeza do que fazer depois da graduação. Ela gostava da ideia de trabalhar na indústria da beleza, mas não estava confiante de que conseguiria desenvolver uma carteira de clientes nesse setor – uma necessidade para qualquer hairstylist. Ela se candidatou a vagas de assistente em diferentes salões de beleza, mas, embora gostasse de interagir com as pessoas, ainda estava lutando para ganhar confiança na profissão.

Como o destino quis, um conhecido me enviou um e-mail com a descrição de uma vaga de trabalho que ela poderia preencher. O conhecido era dono de um spa, e eles precisavam de um gerente. Tinham testado várias pessoas diferentes para a vaga, mas ninguém se adaptava. Li a descrição e, a cada item, eu ficava mais e mais animada. Encaminhei imediatamente o e-mail para Mel.

"Você deve se candidatar para este trabalho!", escrevi em caixa-alta para ela.

Ela ainda não estava satisfeita com o trabalho que tinha em um salão, então foi em frente e se candidatou – e, depois, conseguiu o cargo de gerente do spa.

Ela estava muito nervosa na primeira semana, sem saber se as coisas dariam certo. Era nova em LA e ainda estava aprendendo a se virar no trânsito acelerado, e, como a maioria dos recém-chegados à cidade, estava um pouco intimidada, achando que não conseguiria se vestir e falar corretamente nesse spa chique perto de Beverly Hills.

Depois de algumas semanas lá, recebi um e-mail daquele conhecido me agradecendo por ter recomendado a Melody. Ele não parava de elogiá-la, dizendo que era uma funcionária excepcional. Isso não me surpreendeu. Eu sabia que minha irmã era inteligente e gentil, e sabia que era uma pessoa dedicada. O que foi surpreendente foi o que aconteceu cerca de seis meses depois.

Melody tornou-se uma mulher totalmente diferente.

Estava calma, equilibrada e autoconfiante, segura de suas habilidades. Ela não estava mais ansiosa a respeito da sua nova cidade nem do seu novo cargo nem do futuro. Ela não tinha medo de dar sua opinião e não se preocupava com o que as pessoas pensavam.

Lembro-me de dizer para o Dave: "Você notou como a Mel está se saindo bem? O que será que causou uma mudança tão grande?"

Algumas semanas depois, fui ao spa onde ela trabalhava para fazer uma limpeza de pele, e então entendi tudo. Melody saiu de uma escola cheia de jovens inseguras quanto ao caminho que trilhariam, que não sabiam se conseguiriam ser profissionais bem-sucedidas em negócios comandados por – vejam só – mulheres seguras de si. O dia inteiro ela interagia com colegas de trabalho que estavam no auge de suas profissões – eles tinham que estar para trabalhar em um lugar como aquele. O dia inteiro ela lidava com clientes bem-sucedidos na vida pessoal e nos negócios – eles tinham que ser para poder pagar um lugar como aquele. Sem se dar conta, ela absorveu a autoconfiança daquele ambiente com naturalidade.

Você quer ser mais confiante? Tenha mais contato com pessoas confiantes.

Sei que a confiança nem sempre é descrita como um comportamento aprendido, mas acredito que ela seja uma habilidade como qualquer outra e que, portanto, possa ser aprendida. Mantenha-se atenta às pessoas com quem você se relaciona, às palavras que você usa e à maneira como você se apresenta ao mundo ao seu redor. Preste atenção nos momentos ou nas circunstâncias que fazem você se sentir mais segura e depois se esforce para criar mais oportunidades como aquelas. Essa mudança de percepção, particularmente para quem está na ativa, pode ser uma transformação de vida.

Habilidade 3

PERSISTÊNCIA

Já ouvi muita gente dizer que "um objetivo é um sonho com um prazo" ou que você tem que criar para si mesma um cronograma. Resisto a essa ideia porque nenhum sucesso que obtive na vida foi rápido. Se eu tivesse estabelecido um cronograma de um ano, ou mesmo de dois anos, teria desistido há muito tempo. Levei dois anos para conseguir um número de seguidores nas redes sociais que fosse suficiente para que o agente literário me levasse a sério e considerasse minha proposta para o livro. Depois, foram mais seis meses para que a proposta fosse enviada para as editoras na tentativa de algum editor se interessar em publicar um livro de receitas. Foram mais 18 meses até que o livro chegasse ao mercado. Muito trabalho foi necessário só para chegar a esse ponto.

Publiquei duas fotos no Instagram recentemente. A primeira era da minha primeira participação no noticiário matinal local de TV. Passei meses vendendo a pauta e finalmente consegui ser convidada para participar de uma reportagem sobre o Dia Nacional da

Junk Food, em que a equipe do jornal matinal da emissora KTLA e eu testamos as mais estranhas iguarias do mercado. Pense em Oreos fritos e picles curtidos em suco de cereja. Não era material para concorrer ao Prêmio Peabody de Comunicação. A segunda foto que compartilhei foi da minha estreia no *Today Show*. Nela, estou entre Hoda e Kathie Lee e meu sorriso está tão escancarado e luminoso que meu rosto está prestes a rachar ao meio. Eu estava em êxtase naquele dia porque sempre, sempre quis aparecer no *Today Show*. Gostaria de destacar – para além do fato de que meu cabelo melhorou muito depois que comecei a ir a um colorista de verdade, em vez de usar tinta de farmácia – que a primeira foto é de 2010 e a segunda de 2018.

Oito anos, pessoal. Levei oito anos para alcançar esse objetivo, e a estrada foi longa e dura. Tudo começou com aquela primeira reportagem sobre *junk food*, mas depois eu pedi, implorei e insisti até que surgiram outras oportunidades. Consegui participar de um quadro sobre churrasco no 4 de Julho, depois de uma matéria sobre o Dia de Ação de Graças. Na época, eu estava trabalhando por conta própria, o que significa que, cada vez que eu convencia alguém a me convidar para o seu programa, tinha que encontrar uma maneira de fazer as coisas funcionarem sem dinheiro nem ajuda de ninguém. Eu só podia "comprar" acessórios dos quais conseguisse esconder a etiqueta de preço, para poder devolvê-los depois de participar do programa. Eu comprava, transportava, criava, montava, organizava e limpava tudo sozinha. Eu trocava a roupa de trabalho por um figurino para ir ao ar em cabines improvisadas ou no banco de trás do meu carro (noticiários locais em geral não oferecem acomodações muito confortáveis). Normalmente, a essa altura, eu já tinha desmanchado a maquiagem de tanto suar e meu cabelo estava com os cachos desalinhados. Eu não era muito bonita, mas a mesa que eu montava era incrível, e eu estava sempre preparada para dar a declaração mais engraçada e informativa do mundo sobre temas tão variados quanto o Dia de São Patrício e o Dia da Árvore.

Correr atrás desse tipo de cobertura de imprensa sozinha é uma chatice, mas eu não tinha dinheiro para assessoria, designer ou mesmo um assistente para me ajudar na preparação. O que estava claro era o meu objetivo, e percebi que o trabalho duro era o diferencial que me abriria os caminhos. Quando surgiu a primeira chance de participar de um programa em rede nacional, eu me agarrei nela, mesmo sendo um tema que eu não conhecia, o que me obrigou a pesquisar muito para conseguir falar de forma inteligente por seis minutos. Cultivei durante anos um relacionamento com os produtores de TV. Sugeri centenas de pautas; a cada 100 sugestões, uma era aceita. Eu era aquele tipo de pessoa que embarcava no avião no último minuto para substituir alguém que ficou doente. Se precisavam de uma "especialista" para falar sobre literalmente qualquer coisa, eu era a pessoa. Trabalhei muito – e ainda tive que esperar oito anos.

Precisei lançar seis livros e esperar cinco anos para finalmente conseguir um best-seller. Demorei oito anos para aparecer no *Today Show*. Precisei de quatro anos e milhares de fotos no Instagram para chegar a 100 mil seguidores. Eu poderia continuar listando para você o tempo que levei do meu início profissional até aqui, mas a questão é a seguinte: nunca foi rápido como eu queria e, se eu tivesse desistido por não ter alcançado o meu objetivo no prazo estabelecido, eu não teria conseguido nenhuma das coisas pelas quais hoje sou conhecida.

Para todo mundo que está lendo este livro, as sonhadoras, as ambiciosas e as garotas que estão criando e planejando, por favor, não se atrevam a comparar o início das suas trajetórias às etapas mais avançadas de outras pessoas! Não deem ouvidos quando alguém disser que vocês precisam ter um prazo. As etapas –

lembrem-se que isso vocês *podem* controlar – deviam vir com datas para que vocês sejam produtivas e eficientes. Mas e as metas? Essas são mais nebulosas e difíceis de alcançar. Vocês podem ter que fazer várias abordagens antes de encontrar algo que ajudará vocês a avançarem.

É fácil ver o sucesso de outra pessoa e se sentir desestimulada porque supomos que nossos primeiros esforços não serão suficientes. Claro que não serão! Nenhum dos meus sucessos foi fruto de uma ascensão meteórica. O que você vê agora é resultado de mais de uma década de trabalho duro, foco e recomeços a cada contratempo. Você não tem contatos? Nem dinheiro? Nem acesso? Eu também não tinha! O que eu tinha era ética profissional, um sonho, paciência e perseverança para enxergar no longo prazo.

Será uma jornada, e você terá que se esforçar para chegar aonde quer, mas valerá a pena.

Entre os cartazes que vi em algumas provas de meia maratona, minha frase favorita era a que dizia: "Se fosse fácil, todo mundo faria isto!" Adoro a ideia de que alcançar um objetivo é difícil, mas sigo firme. Você também não desistiu; estamos aqui. A razão pela qual estamos dispostas a continuar na estrada, e a continuar pressionando para conseguirmos chegar ao nível seguinte, é que *não somos como as outras pessoas*. Não é fácil alcançar um objetivo. É duro – mas você também consegue!

A razão pela qual as pessoas desistem, se entregam ou não estão dispostas a seguir em frente é porque elas acreditam que o objetivo que estão buscando é temporário. Isso é algo que os meios de comunicação propagam a maior parte do tempo. "Tente isto! Agora tente aquilo! Depois faça esta dieta, em seguida experimente este exercício. E agora faça tal coisa, e continue mudando..." Esse tipo de comportamento não é eficaz quando se está buscando uma realização. Esse tipo de comportamento só é eficaz se o objetivo é gerar confusão. Porque é o seguinte: se as marcas, a mídia e as notícias conseguem deixar você confusa, elas podem consequentemente lhe vender mais coisas.

Pense nisto. Cinquenta anos atrás, a única maneira de perder peso era simples: queimar mais calorias do que o total consumido. Uma solução simples que funciona. É fácil? De jeito nenhum. As batatas fritas são deliciosas e muito mais gostosas do que brócolis. Mas a indústria da dieta não existiria se a solução fosse simples e direta. Então, em vez disso, somos bombardeadas com um milhão de respostas diferentes, todas confusas. Devo adotar a dieta paleolítica, a Whole30, a Atkins, a South Beach, a vegana ou a sem glúten? Em cada estação do ano há algo novo e diferente para tentar, e cada novidade está ligada a algo que você pode comprar: livros, pós mágicos, refeições congeladas, planos, programas, pílulas, tudo para responder à confusão gerada em torno de dietas e perda de peso.

E essa é apenas uma área, pessoal. Essa tendência de pular de uma possível solução para outra como se fosse uma borboleta bêbada vale para todos os bens de consumo. Não é comum você passar um tempo tentando achar um caminho ou alcançar um objetivo, desistir quando a estratégia não funciona e então tentar outra coisa? Surpreende que você não esteja progredindo da maneira como gostaria?

Não. Você acha que esse objetivo é *temporário* na sua vida. Você acha que é algo que você veste e tira, como faz com seu agasalho favorito, e ele segue lá, disponível para quando você quer usá-lo e guardado no armário quando você não quer vesti-lo.

Esse objetivo, essa missão que você tem, esse sonho, esse lugar para onde você está indo, nada disso é temporário. Não é algo que você vai fazer neste mês, nesta temporada ou neste ano. Buscar a realização de um objetivo muda não apenas esse aspecto específico de sua vida, mas o modo como você encara a vida como um todo. Para sempre.

Se você está economizando dinheiro para comprar uma casa, isso vai exigir uma mudança total na forma como você gasta e economiza. Se você quiser ter um casamento forte e excepcional, isso requer eliminar quaisquer conceitos equivocados que você tenha sobre relacionamentos e buscar essa meta todos os dias. Não importa o que você está buscando, você só vai alcançá-lo se for por inteiro.

Isso não é apenas uma coisa que você faz.

Isso é o que você é agora.

Para todo o sempre, amém!

Não se trata de um treinamento apenas para este mês ou para esta estação do ano. Pense nisso. Todo atleta profissional, todo atleta olímpico – Tom Brady ou Serena Williams ou Messi – treina tão fortemente hoje quanto treinava no início de sua carreira. Na verdade, eu diria que, para manter o nível de excelência que têm atualmente, eles treinam ainda mais hoje em dia. O treinamento nunca para.

Porque, depois de alcançar esse objetivo, você vai escolher o seguinte e o seguinte depois desse. Sua busca por excelência, seja ela qual for, permeará todas as áreas da sua vida. Portanto, pare de pensar pequeno. Pare de pensar nisso com uma perspectiva limitada, supondo que o que você está fazendo tem a ver apenas com o que está à sua frente *agora*. Pesquise, trabalhe duro, seja paciente... o tempo passará, não importa o que aconteça. Você pode muito bem usá-lo para buscar algo além, não importa quanto tempo demore para chegar lá.

Habilidade 4

EFICIÊNCIA

Quando estou perto do prazo para a entrega de um livro, como agora, passo a maior parte do dia longe da minha equipe para poder trabalhar sem ser interrompida. Hoje, especificamente, estou sentada em uma daquelas mesas compridas de madeira que, de tão comuns em restaurantes *hipsters*, parecem até ser item obrigatório nesse tipo de ambiente. Gosto de me sentar em mesas comunitárias porque sempre encontro alguém para cuidar das minhas coisas enquanto vou ao banheiro pela octogésima sétima vez. O único inconveniente é o fluxo constante de pessoas passando ao meu redor, fazendo a energia mudar a cada nova movimentação.

A primeira garota que se sentou hoje aqui veio fazer o dever de casa. Sei disso porque ela abriu um livro didático que tinha um questionário. Ela agiu da seguinte forma: leu um pouco, depois navegou pelo Instagram por um tempo, tirou uma foto do café e do livro com o dever de casa e postou no Instagram, e demorou meia hora só para encontrar o filtro certo no VSCO. Depois disso, ela se concentrou no trabalho novamente. Mas logo estava rabiscando na margem do livro e, em seguida, ficou vendo mais postagens, fez algumas pesquisas no Google e, um tempo depois, se arrumou para sair. Não preencheu nenhuma linha no questionário que veio fazer.

A pessoa que se sentou ao meu lado logo depois era um *mano*. Ele estava com outro *mano*. Eu realmente gosto desses tipos. Eles têm 20 e tantos anos, são cheios de energia e entusiasmo e citam Gary Vee como se fosse o evangelho. Entendi. Saquei. Gary Vaynerchuk também é o meu pastor. Um lado meio nerd de mim estava feliz por eles estarem ao meu lado. Eles tinham laptops com desenhos extravagantes e blocos amarelos, então fizeram um *brainstorm* e se prepararam para começar a trabalhar. Depois da conversa inicial, eles passaram as duas horas seguintes – juro pelo meu *tchai* sem açúcar – olhando o Instagram. A ironia que eles não perceberam era que eles ficavam mostrando um para o outro seus *feeds* empresariais favoritos e comentando frases sobre perseverança e ambição, o tempo todo alheios ao tempo que estavam desperdiçando.

Sempre fico mal quando vejo isso acontecendo com as sonhadoras ao meu redor. É muito fácil desperdiçar tempo com bobagens que não te deixam mais perto de seu objetivo. Eu costumava fazer isso o tempo todo quando era uma jovem autora.

Naquela época, eu tinha o péssimo hábito de reler inúmeras vezes o que tinha escrito. Eu me sentava para "escrever" por uma hora e passava 45 minutos lendo o que já tinha escrito e reescrevendo o texto à medida que avançava na leitura. Durante meses eu não conseguia entender por que não estava fazendo nenhum progresso real e tangível para chegar ao volume de palavras que desejava. Eu não avançava porque não estava fazendo nenhum trabalho novo. Eu estava como os *manos* sentados ao meu lado no café. Meu palpite é que eles fazem encontros colaborativos, como o que fizeram hoje, e no fim desistem da ideia porque não chegaram a lugar algum. Se eles forem como eu era, nem perceberão que a ideia não é culpada pela inação. A culpa é deles mesmos.

Alguma vez você já trabalhou em um objetivo, investiu o máximo de tempo que podia e não fez nenhum progresso tangível? Eu chutaria que você não soube em que se concentrar. Você achou que o que precisava era de tempo para buscar realizar seu sonho, mas, na verdade, precisava era usar o tempo disponível de uma forma proveitosa. Para ajudar você a não cair na armadilha da distração disfarçada de produtividade, aqui está tudo o que aprendi sozinha ao longo da última década para ser não apenas produtiva, mas altamente produtiva!

1. SUBSTITUA SUA LISTA DE TAREFAS POR UMA LISTA DE RESULTADOS

Você se lembra de quando eu falei sobre criar um roteiro? É claro que sim – afinal, isso aconteceu há cinco minutos. Mas, na possibilidade de você ser como Drew Barrymore em *Como se fosse a primeira vez* e sua memória estar falhando, vou lembrá-la de que o roteiro para o seu objetivo inclui etapas ao longo do caminho. Essas etapas são passos que você dá para se manter focada na direção que está buscando. Para trabalhar de forma eficaz, você precisa se concentrar na etapa seguinte. O problema é que, como aqueles caras na cafeteria, ou eu nos primeiros tempos de escritora, às vezes pode parecer que você está trabalhando na direção da etapa seguinte quando, na verdade, está andando em círculos cada vez maiores em torno da sua localização atual. Então, para fugir dessa tendência, quando você se sentar para trabalhar a partir de agora, pare de fazer listas de tarefas.

A lista de tarefas de uma mulher costuma ter cerca de 319 itens, o que significa que ela nunca será cumprida. Além disso, se você é de alguma forma parecida comigo antigamente, vai passar todo o seu tempo realizando as tarefas mais fáceis da sua lista pelo simples prazer de ter alguns itens riscados. Mas, como nenhum desses itens te faz chegar mais perto da etapa seguinte, é tudo uma grande perda de tempo. Por isso, vamos deixar de lado a lista de tarefas e focar na criação de uma lista de resultados. Por "resultado" quero dizer o resultado que procuro nesta jornada de trabalho.

Uma lista de tarefas pode ter um item que diz "trabalhar no manuscrito", mas isso é muito enigmático. Isso poderia significar qualquer coisa e, se você já está se esforçando para ser produtiva, seu cérebro vai aproveitar qualquer desculpa para marcar algum item como concluído. Então, se eu tiver uma ideia para o título deste livro isso contaria como trabalhar no manuscrito? Se eu reescrever um parágrafo quatro vezes, seria trabalhar no manuscrito? Se eu tomar uns drinques com uma colega autora e discutirmos pontos da trama, isso seria trabalhar no manuscrito? Não. Nada disso conta como trabalho no manuscrito porque o que realmente preciso fazer é entregar este livro no prazo.

Nesse momento, a única coisa que importa é a contagem de palavras. Nesse momento eu preciso passar cada minuto acordada escrevendo uma frase atrás da outra para conseguir cumprir o prazo. Então, na minha lista de resultados, vou colocar: escrever 2.500 palavras. Esse é o resultado que eu quero. Não há como escrever *mais ou menos* 2.500 palavras. Ou você escreve ou não. Uma observação a todos os meus colegas escritores que sonham em ter um manuscrito de não ficção concluído: incluir a etapa "escrever 2.500 palavras" 26 vezes fará você chegar lá.

Digamos que você decidiu estabelecer e alcançar uma nova

meta para sua empresa de vendas diretas. Sua lista de tarefas poderia incluir "bater nova meta de vendas", mas essa é uma meta muito aberta. Em que planeta isso serve como direção ou foco para o seu cérebro? Se eu conversar com três novos clientes em potencial, isso conta? Se eu passar uma hora pesquisando sobre como subir na carreira em uma empresa de vendas, também vale? Talvez sim, se você estiver apenas tentando se manter atualizada na sua área, mas, se você quiser obter algo que nunca teve, tem que fazer coisas que nunca fez. Sua lista de resultados deve ser específica: "Entrar em contato com 100 novos clientes potenciais todos os dias" ou "Fechar quatro novos contratos por semana" ou "Aumentar a venda média por cliente em 3% para subir os números globais de receita".

Observe como essa última meta é precisa. Gosto de resultados que são específicos e que vão além da meta, incluindo a expansão dos meios para se alcançar o mesmo resultado. Se na última vez em que tentei fazer minha empresa crescer eu tivesse focado apenas em conquistar novos clientes e isso fosse difícil, eu podia ter voltado atrás e perguntado a mim mesma se havia uma maneira mais inteligente para atingir o mesmo resultado. Por exemplo, eu poderia ter pensado em ampliar receita com os clientes existentes. Poderia ter enviado mais e-mails? Poderia ter criado um processo para facilitar a venda? Poderia ter investido mais em *upselling* para aumentar a receita global sem precisar acrescentar uma nova base de clientes? Neste caso, meu objetivo é de fato aumentar a receita, mas fiquei tão envolvida com a lista de tarefas que não parei para refletir sobre a questão por outro ângulo. Se, em primeiro lugar, eu não anotar o resultado que estou buscando, meu cérebro não consegue me ajudar a fazer as perguntas certas para me deixar mais próxima do meu verdadeiro objetivo.

Então, faça uma lista de resultados, não uma lista de tarefas. Essa lista de resultados diários não deve ter mais do que cinco itens. Na realidade, a minha lista de resultados em geral tem apenas dois ou três itens porque só incluo ações que são importantes para mim. Quando consigo riscar um deles da lista, eu me sinto em êxtase. Se você sobrecarrega sua lista, acaba encerrando o dia de trabalho como se não tivesse feito muita coisa. Já quando você conclui pelo menos um item de uma lista de poucos e claros itens, isso te deixa mais próxima da etapa seguinte, o que faz com que se sinta muito mais realizada. Esse sentimento de realização precisa se tornar um novo hábito. Você precisa transformá-lo em seu objetivo de cada dia de trabalho. Não se trata de reservar um tempo para trabalhar, mas de trabalhar de fato para realizar as coisas certas.

2. REAVALIE A EFICIÊNCIA

Saber o resultado correto a ser atingido é metade da batalha. Se você começar a trabalhar para obter o resultado ideal de cada dia de trabalho e o fizer de forma consistente ao longo de três semanas, acho que o progresso já te surpreenderá. Mas há algo que você pode fazer para avançar um pouco mais, e com mais rapidez. Francamente, não conheço ninguém que esteja se esforçando para alcançar um objetivo que tenha algo contra chegar lá antes do previsto. Assim que você tiver clareza sobre a etapa seguinte e souber os melhores resultados a serem alcançados para chegar mais perto dela, a pergunta a ser feita será: "Existe algo que eu poderia estar fazendo que pudesse ser mais eficiente?"

Se você quiser se aprofundar nessa questão, recomendo o livro *A única coisa*, de Gary Keller. Nele, Keller faz uma pergunta profunda – não profunda em sua complexidade, mas no sentido de que a maioria de nós está frequentemente tão ocupada trabalhando *dentro* de nossos objetivos que nunca temos tempo para trabalhar *nos* próprios objetivos. A questão é: "Qual é a única coisa que eu posso fazer de modo que, ao fazê-la, todo o resto se torne mais fácil ou desnecessário?"[1] Quando se trata de sua lista de resultados, a pergunta deveria ser: "Qual é a única coisa que eu poderia fazer agora, hoje, que me ajudaria a conseguir tudo isso mais depressa, mais facilmente e de maneira mais eficiente?"

Por exemplo, vamos voltar ao meu resultado ideal de escrever 2.500 palavras. Eu me perguntei como poderia escrever o número de palavras desejado por dia de forma mais eficiente, mais rápida e com menos problemas. A resposta foi muito simples e extremamente fácil de implementar, mas, se eu não tivesse feito a pergunta, não teria pensado nisso. Para mim, trata-se de escrever em uma cafeteria. O que há de tão especial numa cafeteria? Bem, tenho um escritório grande com uma mesa agradável, uma boa cadeira e acesso a lanches, água e banheiros sem custo adicional, e venho escrevendo este livro há semanas durante o expediente normal. Mas você sabe o que mais tem naquele escritório? Catorze funcionários trabalhando em vários projetos e que sempre me requisitam. Agora, só para que fique claro, não são eles que atraem a minha atenção para os projetos. Na verdade, eles não me incomodam em nada porque sabem que estou com um prazo apertado. Mas a escrita é um trabalho árduo e solitário. Não importa quantos livros eu escreva, é sempre difícil. Quando estou no trabalho me sentindo solitária ou cansada de tanto escrever, me levanto para ir ao banheiro e no caminho encontro três coisas nas quais quero dar palpites e não volto diretamente ao livro. Então, as 2.500 palavras que nunca devem levar mais de três horas acabam ocupando a maior parte do dia.

Eu ainda não tinha alcançado o resultado, então não estava interessada em questionar nada, mas tive que me perguntar: "Existe uma maneira melhor de fazer isso?" Para mim, a resposta foi trabalhar longe da minha equipe. Prefiro trabalhar em cafeterias do que em casa porque fico sempre cercada de uma ótima energia vinda de colegas ambiciosas e criadoras; e às vezes até tenho ideias para capítulos (como o início deste). Escrever este livro numa cafeteria tem me feito arrasar neste manuscrito, venho produzindo muito mais do que 2.500 palavras por vez, e em menos tempo. Se você não se questionar, se você não desafiar o que está ou não funcionando, nunca saberá.

3. CRIE O SEU PRÓPRIO AMBIENTE PRODUTIVO

Anos atrás, alguém que eu admirava me perguntou se eu poderia aconselhá-lo sobre o processo de escrita. Essa pessoa era extremamente talentosa e um palestrante renomado, mas nunca tinha escrito um livro. Achei que íamos falar de contagem de palavras, pontos da trama ou como elaborar um esboço, mas ele só queria saber uma coisa: "Como se cria um refúgio em sua casa com a atmosfera perfeita para escrever?"

"Não se cria", eu disse a ele. "Você escreve onde, quando e como puder. Criar o escritório perfeito não vai te ajudar em nada."

Ele não gostou da minha resposta. Estava convencido de que, se conseguisse organizar o espaço ideal, o processo que tinha se revelado tão difícil no passado se tornaria mais fácil. Eu soube então que ele tinha um manuscrito inacabado. Sei que soa grosseiro e perverso, mas é verdade. Falo com base nas centenas de perguntas como esta que recebo há anos. Um espaço para escrever é um sonho e um luxo que espero conseguir um dia. Mas isso não ajuda ninguém a escrever. É como achar que uma esteira cara te motivará a correr. Nenhum fator externo te tornará mais produtiva, e, se você precisa de um determinado ambiente para dar o seu melhor, isso é sinal de que não está realmente no controle da situação.

Estou escrevendo esta frase neste momento no assento do meio de um voo cheio. Um convite de última hora para um trabalho do outro lado do país costuma nos colocar em assentos ruins, já que os melhores já foram reservados. Mas, mesmo sendo desconfortável, não posso perder este tempo valioso. Escrevo sempre que posso, de manhã cedo, tarde da noite, enquanto meus filhos brincam no parque ou treinam futebol. Um espaço como aquela cafeteria charmosa ou uma mansão com vista para o mar seria preferível? Com certeza. Mas a vida não funciona assim. Se eu tivesse esperado pelo espaço perfeito ou pela oportunidade de ser produtiva, nunca teria concluído nenhum dos meus livros. O segredo é criar um ambiente que possa te deixar no clima, independentemente do lugar em que você esteja. Para mim, são diferentes sequências de músicas ou determinada música tocada repetidamente como ruído branco; é isso que me ajuda a focar e a entrar no modo produtivo, mesmo em locais mais agitados. Para você, pode ser um cheiro, um chiclete específico (não, isto não é loucura), o mesmo café na Starbucks – qualquer repetição que diga ao seu cérebro que está na hora de focar. Meu gatilho favorito é um espresso com chantili e a música "Humble" tão alta quanto meus fones de ouvido permitirem. Na verdade, minhas leitoras conservadoras podem ficar escandalizadas ao saber que a maior parte de meu livro anterior foi escrita ao som de Kendrick Lamar em repetição contínua. Mas, ei, quando você descobre o que te ajuda a entrar no clima, você aproveita o máximo que puder.

4. SAIBA O QUE TE DISTRAI E EVITE ESSE TIPO DE ARMADILHA

Isso parece óbvio quando você coloca no papel, mas as pessoas que se esforçam para ser ou continuar produtivas são geralmente distraídas demais para saber que estão distraídas. Cada vez que seu foco e sua energia se dispersam, leva um bom tempo para que você os recupere – se conseguir recuperá-los. Preste atenção no que desvia sua atenção. Para mim, é geralmente ter acesso à internet no computador ou ter meu celular por perto. Na minha cabeça, toda mensagem vira urgente – talvez seja um funcionário para me dizer que o escritório está pegando fogo; todos os e-mails que chegam podem ser da Oprah; uma rápida pesquisa no Google sobre algo que estou escrevendo se transforma num buraco negro e, de repente, eu me flagro respondendo um questionário no BuzzFeed para saber quem é o meu príncipe ideal da Disney. Então, adivinha o que acontece quando estou tentando atingir um determinado número de palavras? Tenho que desligar o wi-fi, virar a tela do telefone para baixo e tirar o som para não ver ou ouvir as notificações.

5. CORRIJA A DIREÇÃO

É fácil pegar um desvio, e é ainda mais fácil avançar tão rápido em uma direção que você não percebe que é a direção errada. Recomendo fazer um *checkup* em você mesma todos os domingos. Domingo é o momento mais tranquilo para mim porque é quando eu planejo a semana. Aproveito o tempo para focar no resultado que quero para a semana seguinte e me pergunto se estou de fato me movendo na direção da próxima etapa. Se a resposta for positiva, ótimo! Se não for, o que posso fazer esta semana para garantir que vou obter os resultados que estou procurando?

Você já está fazendo o trabalho. Você já está investindo tempo e seria um desperdício se estivesse gastando sua energia sem motivo ou, pior, potencialmente desistindo de uma grande ideia apenas porque ainda não descobriu como dar passos maiores na direção do seu objetivo. Faça uma análise de eficiência, descubra onde precisa reforçar o controle e mude seu foco.

Habilidade 5

POSITIVIDADE

Eu sobrevivi a 52 horas de trabalho de parto. Cinquenta e duas horas. Enquanto eu viver, nunca vou deixar meu primogênito esquecer isso. Na verdade, mesmo depois que eu me for, estou planejando combinar com alguém para que ele receba de vez em quando um lembrete desse fato, como aqueles homens que pagam uma florista para entregar flores todo ano no aniversário da esposa depois que eles morrerem.

De qualquer forma, foi terrível. Foi difícil, cansativo e doloroso, e as enfermeiras só permitiram que eu chupasse picolés, comesse gelatina ou tomasse caldo de galinha durante o trabalho de parto. Demorou demais até chegar a hora de fazer força. Qualquer mulher que tenha vivido uma experiência semelhante vai confirmar o que estou dizendo. Você espera, espera e espera, e, quando parece que vai ficar grávida para sempre, eles anunciam que é hora de expulsar o bebê. Hora. De. Fazer. Força.

Para mim, o período dos empurrões demorou tão mais do que o

previsto que o efeito da peridural começou a passar. Sim, a anestesia peridural. Você não acha que eu atravessei dois dias de trabalho de parto sem drogas, não é? Não, não sou tão heroica. Contratei um anestesiologista que, só para que fique claro, se parecia com o Danny DeVito – como deve ser –, e todas as boas drogas que ele podia me oferecer, mas depois de tanto tempo a dor estava começando a voltar. As enfermeiras perguntaram se eu queria outra dose, mas eu tinha lido todo tipo de história de horror sobre as mulheres que não conseguiam fazer força porque os medicamentos eram fortes demais, e eu não queria que nada atrasasse ainda mais aquele processo. Então, como uma verdadeira mártir, eu disse a elas bravamente que iria expulsar Jackson sem doses extras de medicamento.

Quase imediatamente percebi que tinha cometido um erro grave.

A dor já era forte o suficiente só deitada ali, mas, quando tentei fazer força de verdade pela primeira vez, parecia que tinham enfiado um tridente flamejante dentro de mim e, em seguida, girado para a direita.

"Na verdade, quero essas drogas o mais depressa possível!", gritei para todos que estavam na sala.

A enfermeira apertou um botão, a equipe fez algumas chamadas, elas cochicharam entre si e então me olharam com olhos tristes. "Sentimos muito, mas os dois anestesistas estão em cesarianas. Não há ninguém disponível para administrar outra dose."

O quê? Sem mais anestesia? Sem nada para amortecer a dor? Só eu e ela? Meu coração se partiu juntamente com o meu períneo.

Eu estava com tanta dor e tão exausta que parecia estar começando a delirar. Eu não tinha controle sobre o que estava acontecendo comigo e não tinha como escapar. Parecia que não importava quantas vezes eu fizesse força, Jackson não queria sair. O batimento cardíaco dele ficou mais fraco e o médico começou a falar que havia muito estresse sobre o bebê e que talvez tivéssemos que fazer uma cesariana. Estranhamente, no meio do pânico absoluto, tive o maior momento de clareza da minha vida. Eu sabia que tinha que expulsar Jackson com segurança e calma e, para fazer isso, eu tinha que encontrar uma maneira de superar a dor. Passei do choro e do pânico para o silêncio e a concentração. Não falei com Dave nem com minha mãe nem com enfermeiras e médicos. Não acho que tenha emitido qualquer outro som ou olhado na direção de ninguém. Estava completamente concentrada, entre uma oração fervorosa e uma palestra motivacional interna para meu filho nascer.

Quando Jackson Cage Hollis chegou ao mundo gritando uma hora depois, não sei qual de nós estava mais exausto. Sei que toda a dor que eu estava controlando voltou rapidamente em uma onda tão intensa que ainda não posso acreditar como consegui ignorá-la por tanto tempo. É uma das lembranças mais fortes que tenho na vida; a de que você pode escolher sua atitude, seu foco e suas intenções para qualquer situação, não importa qual seja. Essa escolha é muitas vezes a diferença entre a alegria e o sofrimento.

Você pode beber água, acordar cedo, ter um plano e trabalhar nele todos os dias, mas, se não tiver a atitude certa, está acabada. Tudo bem, tudo bem, talvez "acabada" seja um pouco dramático demais, mas fico muito dramática quando o assunto é raciocínio, atitude e positividade, porque isso tudo é muito importante.

Quando meus filhos estão se comportando como loucos, a casa está destruída e eu estou pensando seriamente em fugir com o circo ou beber uma garrafa inteira de vinho, obrigar-me a ter uma atitude positiva é o que me salva.

Quando o prazo para entregar o meu livro está esgotado – como agora, pois este livro devia ter sido entregue há tempos –, o trabalho está avassalador, e a agenda de viagens, um caos, escolher encontrar o lado positivo em cada coisa é o que faço para me manter feliz.

Feliz, não apenas sensata. Não apenas bem. Não apenas vivendo. Feliz. Estou feliz, grata e me sentindo abençoada em 90% do tempo, e não é porque a minha vida está acontecendo de uma forma que facilite isso. Sou uma das garotas mais felizes que você conhece porque escolhi ser assim todos os dias. Escolhi praticar a gratidão, escolhi me cercar de coisas e pessoas que apostam na positividade. Eu controlo meus pensamentos porque os pensamentos controlam os sentimentos.

As palavras e frases que usamos conosco viram a trilha sonora que acompanha cada momento de nossas vidas, e não existe um único pensamento – bom ou mau – que não tenha a sua permissão para estar lá. Você está monitorando isso? Você está se esforçando para controlar o que pensa e fala sobre si mesma? Como você não é estúpida, pare de dizer a si mesma que é. Você não é feia, então pare de pensar dessa forma ao se olhar no espelho. Você não é uma cretina, mesmo que tenha feito algumas cretinices no passado. Você não é uma ignorante, mesquinha, antipática, indigna ou alguém que fica aquém das expectativas, ou qualquer outra imbecilidade que esteja passando pela sua mente.

Você tem que escolher ser positiva e enxergar as possibilidades e as bênçãos diariamente. Você escolhe seus pensamentos e nada passa pela sua mente sem ter a sua permissão para estar lá. Assim, cada vez que você pensar algo negativo, pare, abandone a ladainha de ódio, apague tudo isso e, em seguida, substitua por coisas boas. A esperança é que, estando em uma fase tranquila ou em uma fase difícil, reconheça que ainda está no controle de como percebe tudo isso.

Porque esta é a vida real, não um conto de fadas, e eu nunca achei nem por um segundo que seria fácil, independentemente de quem você seja ou de onde você more. A vida real às vezes é uma chatice, e haverá fases em que você se sentirá sem energia para buscar realizar seu objetivo. Mas você ainda tem esperanças, sonhos e metas para si mesma e para a sua vida, e tudo isso é possível. Muitas vezes você vai se dedicar a essa busca e só avançará milímetros, mas tem que se manter no jogo. Você não pode controlar as circunstâncias da sua vida, mas pode controlar a sua reação a elas.

Habilidade 6

LIDERANÇA

No sexto ano eu tirei uma foto dentro de uma tenda. Foi em um acampamento de escoteiros em 1995, e ainda tenho a foto em um álbum coberto de adesivos com o símbolo da paz e vários rabiscos no estilo pichação. Na foto, estou vestida como uma jovem índia norte-americana, segundo a imaginação de uma jovem branca e ignorante. Estampa *tie-dye* marrom e sapatos de marca imitando sapatilhas indígenas não fazem parte de qualquer figurino tribal que eu conheça, mas aos 12 anos eu achei superlegal me sentar debaixo dessa tenda falsa para uma foto oferecida pelo estúdio local da Olan Mills.

Deixando a questão da apropriação cultural de lado, essa experiência especial como escoteira se destaca na minha mente por duas razões. Primeiro, porque fizemos ovos mexidos usando sacos Ziploc para fervê-los. Como nunca tive o hábito de acampar, esse tipo de habilidade ainda me impressiona muito. Em segundo lugar, porque minha melhor amiga, Amanda, e eu inventamos uma coreografia para uma música de Tim McGraw e a ensinamos para toda a equipe. A música era "Indian Outlaw" (obviamente) e a dança tinha passos coreografados e movimentos com mais de uma formação. A dança foi algo que fizemos durante um intervalo como forma de combater o tédio, mas as pessoas gostaram tanto – estou levantando uma hipótese aqui – que os líderes das tropas (que eram provavelmente apaixonados por Tim e o bigode assustador que ele cultivava na época) nos convidaram a fazer uma apresentação na fogueira.

Na fogueira, pessoal!

Para escoteiras, a fogueira é o equivalente a um grande espetáculo. É onde tudo acontece. É onde as condecorações são dadas e as tropas são reconhecidas. É onde damos as mãos em um grande círculo e cantamos "Faça novos amigos, mas mantenha os antigos...". Alguém se lembra? Enfim, é um negócio realmente importante e a Tropa 723 estava prestes a fazer sua estreia na fogueira!

Quando o grande momento chegou, nós dançamos o mais intensamente possível. E, no *grand finale*, quando a música corta para a inclusão inesperada de "Indian Reservation", de Paul Revere & the Raiders, bem, amiga, foi como se o espírito de Juliette Gordon Low estivesse encarnado em cada uma de nós!

Eu já era uma líder na época, e provavelmente a maioria de vocês também era. Quando pequenas, éramos nós que decidíamos como os acessórios da Barbie seriam distribuídos de forma justa. Éramos nós que tínhamos a iniciativa de marcar brincadeiras ou de concorrer à presidência do clube de teatro. Não era um pensamento consciente, mas a capacidade de criar grupos e uni-los em torno de um tema ou ideia era simplesmente natural para nós. Se você teve sorte, seus pais estimularam essas habilidades naturais de liderança. Se você não teve tanta sorte assim, eles podem ter tentado, sem querer, dissuadi-la. "Não seja mandona", diziam eles. "Você não é responsável por todos", afirmavam eles. Nem vamos falar sobre o fato de que, quando um dos meninos exibia essas mesmas características, ele era considerado admirável: "Olhe para aquele líder nato", comentavam eles.

Liderança não era uma característica encorajada nas meninas quando eu era criança, e talvez seja por isso que tantas de nós tenhamos dificuldades com o peso dessa responsabilidade agora. Não pensamos em nós mesmas como líderes porque isso é quase sempre reservado para ambientes de negócios. Estou aqui para lhe dizer que não me importa quem você é ou o que você faz durante o dia. Trabalhar, cuidar dos filhos, estudar ou qualquer outra coisa é tudo igual para mim. Preciso que você aceite a ideia de que você é uma líder. Na verdade, todas nós precisamos que você faça isso.

Passei os últimos cinco anos criando uma comunidade de mulheres – tanto on-line quanto presencial – que acredita em uma filosofia semelhante à minha. Acolhemos e apoiamos umas às outras, independentemente do que temos em comum, e apesar de nossas diferenças. Damos espaço umas às outras para nos sentirmos aceitas e incentivamos que todas busquemos realizar os nossos sonhos; e eu me sinto muito abençoada por tantas pessoas compartilharem a minha visão. Agradeço pelo grande número de mulheres que me acompanham on-line, assistem às minhas palestras ou compram meus livros. Mas a verdade, do fundo do meu coração, é que não estou à procura de mais fãs. Não preciso que mais uma mulher curta o meu *feed* no Instagram, ou ache meus sapatos bonitos. Não estou tentando criar uma comunidade de fãs. Estou tentando criar uma comunidade de líderes.

Você é uma influenciadora? Você está na mídia? Você organiza palestras? Tem um negócio? Faz podcasts? Faz parte da Associação de Pais e Mestres? Você trabalha como caixa do banco local? Você é voluntária da escola dominical na igreja? Você é uma estudante do ensino médio? Você tem sete netos? Ótimo! Eu preciso de você. Nós precisamos de você!

Precisamos que você viva de acordo com o seu propósito. Precisamos que você crie, inspire, construa e sonhe. Precisamos que você abra um caminho e então se vire e ilumine o caminho com a sua magia para que outras mulheres possam te seguir. Precisamos que você acredite na ideia de que toda mulher merece a chance de ser quem ela estava destinada a ser. Ela pode nunca perceber isso se você – sim, você – não lhe mostrar essa verdade.

Você conseguirá fazer isso se primeiramente colocar em prática a ideia de que foi destinada para mais na sua vida. Afinal, se você não enxerga isso, como sabe que pode ir além? Se as mulheres na sua comunidade, ou no seu grupo de marketing de rede, ou na sua aula de zumba nunca virem um exemplo de mulher confiante, como terão coragem para serem confiantes? Se as nossas filhas não virem no dia a dia a demonstração prática de que estamos não apenas confortáveis como realizadas com a escolha de sermos nós mesmas, como vão aprender esse comportamento?

Buscar realizar os seus objetivos é muito importante, eu diria inclusive que é essencial para uma vida feliz e realizada –, mas não basta simplesmente dar permissão para o sonho se revelar. Quero te desafiar a amar a busca e a celebrar abertamente a pessoa que você se tornar ao longo da jornada. Quando sua luz brilha mais forte, as outras pessoas não são prejudicadas pelo brilho – elas são encorajadas a se tornarem uma versão mais brilhante delas mesmas. Isso é o que faz uma líder. Líderes são inspiradoras. Líderes compartilham informações. Líderes erguem a luz para mostrar o caminho. Líderes seguram sua mão quando as coisas ficam difíceis. As verdadeiras líderes são tão entusiasmadas com o sucesso de quem as acompanha quanto com o próprio sucesso porque sabem que, quando uma de nós se destaca, todo mundo sai ganhando. Quando uma de nós é bem-sucedida, todas somos bem-sucedidas.

Você será capaz de liderar outras mulheres até esse lugar se de fato acreditar que cada mulher é digna e destinada a algo sagrado.

Isso requer abrir os olhos e o coração para certas mulheres que você pode não ter notado antes.

E, embora pareça um pouco estranho para um livro sobre crescimento pessoal, quero pedir que você reflita sobre quem está incluindo em sua esfera de liderança. Quero te desafiar a fazer uma coisa.

Olhe à sua volta. Verifique o seu *feed* no Instagram. Analise a lista de palestrantes em sua conferência. Preste atenção em sua equipe, em seus amigos. Todos eles parecem iguais? E, só para deixar claro, não estou me referindo a diferentes cores de cabelo ou estilos pessoais. Bem francamente, estou interessada em saber se eles são todos da mesma cor. Eles são todos do mesmo tipo? Será que todos eles frequentam a mesma igreja? Será que todos eles vivem na mesma área?

Vejo isso em toda a imprensa focada em mulheres neste momento. Vejo isso nos palcos. Vejo isso na foto da equipe da empresa. Vejo isso na programação dos palestrantes. Vejo isso na publicidade. E cada vez que vejo isso eu me pergunto: "Por que essa homogeneidade não está incomodando esse grupo? Por que essa disparidade não os chateia? Como eles podem reunir 16 palestrantes e apenas um ser do sexo feminino? Ou, numa conferência de mulheres, como podem escolher 10 palestrantes do sexo feminino para representar todas as mulheres e nove delas serem brancas?" Não acho que evitar a diversidade seja uma escolha consciente para a maioria das empresas, conferências ou círculos de amigos. Acho apenas que temos a tendência a escolher o que conhecemos, e o que conhecemos melhor são as pessoas que se parecem e agem e pensam como nós.

Mas, amiga, o mundo não é assim. Os negócios ou os mercados também não são assim. Muito menos a nossa comunidade.

Representatividade importa. É importante você se sentar numa plateia e se ver no palco. É importante que uma empresa que vende para um mundo multicultural se esforce para apresentar todas as vozes, de modo a considerar o máximo de perspectivas possível. Pretas, brancas, hispânicas, asiáticas, velhas, jovens, homossexuais, heterossexuais, cristãs, judias, muçulmanas, pessoas com necessidades especiais, gordas, magras, todas devem estar no palco. Todo mundo deve estar no seu palco. Todo mundo deve estar na sua equipe. Todo mundo deve ser convidado para a festa de aniversário do seu filho. Todo mundo deve ser bem-vindo na sua igreja. Todo mundo deve ser convidado para jantar. Cada mulher que você conhece e cada mulher que você não conhece poderia se beneficiar da verdade de que ela é capaz de algo grande. Como ela vai acreditar nisso se ninguém dá o exemplo? Como ela vai acreditar nisso se ninguém se interessa em ver isso nela e em falar a verdade em voz alta?

A verdade é que eu acredito que há magia em cada pessoa que está lendo isto. Tenho certeza de que, se todas vocês começassem a viver mais plenamente esse chamado em seus corações – apesar de isso às vezes ser assustador e desconfortável –, mudariam o mundo. O mais incrível é que, ao abraçar sua vocação e ao se recusar a esconder o seu brilho, você não apenas torna o seu mundo mais brilhante. Você ilumina o caminho para as mulheres que vêm depois.

CONCLUSÃO
Acredite em você!

Estou hiperanimada neste momento. Quase me descontrolei e usei um palavrão ao escolher o título para esta última parte do livro, só para você saber que eu estava realmente eufórica. Mas então algo me ocorreu: você já sabe disso. Se você não percebe que estou animadíssima por você, por seus sonhos e pelo que você vai realizar na vida, então ainda não nos conhecemos bem o suficiente.

Dediquei dois livros à ideia de que você está no controle da sua vida e que pode fazer qualquer coisa que definir no seu coração e na sua mente. Dediquei minha carreira e minha empresa, enfim, minha vida à criação de um conteúdo que reforce isso para você repetidamente. Eu acredito em você. Acredito muito em vocês todas. Sei que muitas das minhas leitoras não contam com o apoio da família ou de amigos para encorajá-las ao longo desta jornada em busca de seus objetivos, então, por favor, saibam que acima de tudo existe uma mãe entusiasmada de quatro filhos vivendo em um rancho em algum lugar do Texas que mal pode esperar para ver o que vocês farão a seguir!

Há algo mais que você precisa saber – razão pela qual parei de adicionar palavrões ao título: não importa se eu acredito em você. Não importa se estou animada por você. Posso escrever mil livros, publicar um milhão de histórias inspiradoras no Instagram; nada disso terá importância se você não acreditar em si mesma.

Não estarei lá amanhã para fazer você sair da cama.
Não estarei lá na próxima semana quando seu turno no trabalho for cortado e você não souber o que fazer para pagar o aluguel.
Não estarei lá quando sua família caçoar de você por tentar perder peso.
Não estarei lá quando você tiver uma recaída.
Não estarei lá quando algo der errado.
Não estarei lá quando você desistir de si mesma.
Não estarei lá quando você tiver que lutar para se recuperar.
Não estarei na sua vida lidando com seus problemas.

Você está lá todos os dias, então é melhor acreditar que vale a pena lutar!
Simples e complexo assim!
Isso significa que você terá que forçar a passagem mesmo que não queira. Isso significa que você terá que encontrar uma maneira de não comer sem parar. Isso significa que você terá que ter uma conversa dura com sua irmã sobre a maneira como está se sentindo. Isso significa que você precisará conversar com seu marido sobre como fortalecer o casamento. Isso significa que você terá que fazer um monte de coisas que te deixam desconfortável. Isso significa que você terá que educar seus filhos em vez de dar o que eles querem em troca de manter o seu sossego. Isso significa que você terá que liderar sua equipe com a sabedoria e a determinação de uma grande treinadora em vez da aceitação cega de

uma líder de torcida. Isso significa que você terá que ser sua própria treinadora, bem como sua própria torcida. Isso significa que você terá que se orientar da melhor forma. Isso significa que você terá que ser gentil com você mesma, mas terá que se desafiar para continuar se aprimorando.

Você terá que fazer muito! Nenhuma dessas tarefas será fácil, mas todas serão simples. A maneira mais fácil e rápida para chegar aonde você quer ir é não desistir de si mesma. Quando você está no início de uma corrida longa, a sensação é a de que não vai dar conta. A ideia de completar o percurso até o fim – sem abandoná-lo desta vez – é desafiadora. Mas é possível se você acreditar em si mesma! Você já deve ter ouvido aquela frase sobre a dúvida, que diz que a dúvida mata mais sonhos do que o fracasso. Mas a autoconfiança lhe dará a força para levantar e dar a volta por cima, quantas vezes forem necessárias.

Você tem que viver um dia de cada vez. Se um dia inteiro parece enorme, vou pedir que considere uma hora por vez e continue se lembrando: "Esta sou eu!"

Você se lembra de como visualizamos a melhor versão de nós mesmas, a versão idealizada de quem somos? Esta é quem você é internamente. Sua alma sempre sabe quem você é. É por isso que ela continua influenciando seu coração, pedindo-lhe que ouça. É daí que vem o "E se...?". É isso que faz você se questionar sobre o que mais é possível. É isso que deixa você triste quando não consegue chegar lá, porque no fundo você sabe que uma versão melhor de você mesma e dessa vida está à sua espera no outro lado desse "E se...?".

Seu verdadeiro eu é destinado a algo mais... à sua versão do algo mais. Isso é o que você está destinada a ser, e o primeiro passo para tornar essa visão uma realidade é parar de se desculpar por sonhar. É como diz Lady Gaga: *baby, you were born this way* (Querida, você nasceu assim). Não é sua responsabilidade se encaixar no ideal de ninguém. Sua responsabilidade é começar a acreditar em quem você é e no que é capaz. É hora de ser você mesma, sem pedir desculpas, e mostrar ao mundo o que acontece quando uma mulher desafia a si mesma para a grande superação. É hora de parar de se desculpar por ser quem você é. É hora de se tornar quem você está destinada a ser.

AGRADECIMENTOS

Sempre começo os agradecimentos pelo início e pela minha carreira de escritora, que está nas mãos da agente Kevan Lyon. É quase inacreditável quão longe cheguei como autora, um feito que em grande parte devo ao discernimento e à sabedoria de KL e também ao fato de ela destruir sem cerimônia os meus sonhos sempre que lanço ideias que envolvem a criação de um mundo ou de realismo mágico. Um dia, KL, um dia.

Agradeço a Brian Hampton e à equipe da Nelson Books e da HarperCollins, que assumiram o risco de publicar meus livros e trabalharam duro ao nosso lado para torná-los um sucesso: Jenny Baumgartner, Jessica Wong, Brigitta Nortker, Stephanie Tresner, Sara Broun e cada integrante da equipe de vendas que defendeu o meu trabalho para nossos parceiros do varejo e que continuam a responder meus e-mails, mesmo quando eles são irritantes e excessivos.

Obrigada a Jeff James e à equipe da HarperCollins Leadership por acreditarem que um livro que aborda a definição de metas e realizações seria a sequência perfeita para um livro que falava sobre dedos dos pés peludos e incontinência.

Como sempre, um grande salve para a equipe da Hollis Company, que continua a ser o grupo mais aguerrido deste setor ou de qualquer outro. Somos pequenos, porém destemidos. Somos *A pequena locomotiva*. Não deixem que ninguém lhes diga que um pequeno grupo de pessoas determinadas não pode mudar o mundo – elas já mudaram.

Obrigada também à minha amiga Annie Ludes, que fez as ilustrações deste livro. Representar visualmente meus loucos delírios não é tarefa fácil, mas Annie arrasou!

Correndo o risco de soar cafona, quero aproveitar o momento para reconhecer meus mentores. Alguns deles nem têm ideia de quem eu sou, mas os trabalhos que eles desenvolveram me forneceram as ferramentas para que eu pudesse mudar minha vida e minha empresa, então sou eternamente grata pela orientação que eles disponibilizam a sonhadoras como eu. Dave Ramsey, Oprah Winfrey, John C. Maxwell, Keith J. Cunningham, Elizabeth Gilbert, Phil Knight, Sua Alteza Real Beyoncé Knowles Carter, Ed Mylett, Brendon Burchard e, mais especialmente, Tony Robbins, todos foram determinantes para mim. Se influenciei a sua vida como autora é porque esses professores influenciaram muito minha vida e meus estudos.

Para meus filhos, Jackson Cage, Sawyer Neeley, Ford Baker e Noah Elizabeth. Espero que os sonhos que vocês buscam realizar iluminem seus corações. Eu rezo para que minha vida sirva de exemplo para que vocês acreditem que tudo é possível.

E, como sempre, guardei o maior e melhor agradecimento para o fim. Dave Hollis é minha pedra angular, o líder da minha torcida e, de muitas maneiras, o protetor que não tive mais cedo na vida. Agora, ele também é meu parceiro nos negócios. No meio da produção deste livro, nós demos um grande salto de fé – que não parece assim tão grande para nós. Mudamos nossa família e a sede da empresa de Los Angeles para Austin. Dave deixou um bem-remunerado emprego de 17 anos na Disney e abriu mão de um cargo e de um salário que outras pessoas batalhariam muito para conseguir. Ele fez tudo isso porque acredita tanto quanto eu nessa visão. Queremos construir uma empresa que forneça ferramentas e inspiração para as pessoas mudarem suas vidas. É um ideal grandioso, uma linda vocação missionária. Eu não podia fazer este trabalho sem você, meu amor.

NOTAS

PARTE I: DESCULPAS PARA DEIXAR PRA LÁ

1. Google Dictionary, s.v. "excuse", acesso em 15 de setembro de 2018, disponível em https://www.google.com/search?active&q=Dictionary#dobs=excuse.

DESCULPA 1: NÃO É ISSO QUE AS OUTRAS MULHERES FAZEM

1. Brené Brown, "Listening to Shame", vídeo TED, 20:32, palestra apresentada no TED 2012, março de 2012, transcrição, 13:20, disponível em https://www.ted.com/talks/brene_brown_listening_to_shame.

DESCULPA 9: GAROTAS BOAZINHAS NÃO SÃO AMBICIOSAS

1. Tirado do título do livro de Laurel Thatcher Ulrich, *Well-Behaved Women Seldom Make History*. Nova York: Knopf, 2007.

PARTE II: COMPORTAMENTOS PARA VOCÊ ADOTAR

1. Google Dictionary, s.v. "behavior", acesso em 14 de setembro de 2018, disponível em https://www.google.com/search?active&q=Dictionary#dobs=behavior, *Dicionário Oxford*, s.v. "behaviour", https://en.oxforddictionaries.com/definition/behaviour.

COMPORTAMENTO 1: PARE DE PEDIR PERMISSÃO

1. *American Heritage Dictionary of the English Language*, 5th ed. (2016), s.v. "qualify", grifo nosso.

COMPORTAMENTO 3: ACEITE SUA AMBIÇÃO

1. *Dicionário Oxford*, s.v. "ambition", acesso em 25 de setembro de 2018, disponível em https://en.oxforddictionaries.com/definition/us/ambition.

COMPORTAMENTO 4: PEÇA AJUDA!

1. J. F. O. McAllister, "10 Questions for Madeleine Albright", *Time*, 10 de janeiro de 2008, disponível em http://content.time.com/time/magazine/article/0,9171,1702358,00.html.

COMPORTAMENTO 7: APRENDA A DIZER NÃO

1. Frase original de Derek Sivers, citada por Jen Hatmaker (@jenhatmaker): "Conforme você entra em 2016 esperando uma programação mais saudável que priorize sua vida real e a mantenha focada nas coisas mais importantes", Facebook, 4 de janeiro de 2016, disponível em https://www.facebook.com/jenhatmaker/posts/as-you-move-into-2016-hoping-for-a-saner-schedule-that-prioritizes-your-actual-l/881671191931877/.

PARTE III: HABILIDADES PARA VOCÊ DESENVOLVER

1. *Dicionário Oxford*, s.v. "skill", acesso em 20 de setembro de 2018, disponível em https://en.oxforddictionaries.com/definition/skill.

HABILIDADE 2: CONFIANÇA

1. Tara Sophia Mohr, "Why Women Don't Apply for Jobs Unless They're 100% Qualified", *Harvard Business Review*, 25 de agosto de 2014, disponível em https://hbr.org/2014/08/why-women-dont-apply-for-jobs-unless-theyre-100-qualified.

HABILIDADE 4: EFICIÊNCIA

1. Gary Keller e Jay Papasan, *A única coisa: A verdade surpreendentemente simples por trás de resultados extraordinários*. Rio de janeiro: Sextante, 2021.

CONHEÇA OUTRO TÍTULO DA AUTORA

GAROTA, PARE DE MENTIR PRA VOCÊ MESMA

"Este livro é sobre um monte de mentiras nocivas e uma verdade importante. A verdade? Você, somente você, é responsável por quem se tornará e pelo quanto é feliz. Essa é a lição.

É preciso identificar – e destruir sistematicamente – cada mentira que contou a si mesma a vida inteira. Por quê? Porque é impossível ir a um lugar novo, ou tornar-se algo diferente, sem primeiro identificar onde você está. Você já acreditou que não era boa o suficiente? Que não era magra o suficiente? Que não era digna de ser amada? Que era péssima mãe? Já achou que merecia ser maltratada? Que nunca chegaria a lugar nenhum?

Essas mentiras são perigosas. O mais assustador é que raramente as ouvimos, porque elas ecoam em nossos ouvidos tão alto e por tanto tempo que se tornam uma espécie de ruído branco. Mas, se formos capazes de identificar a principal razão de nossas dificuldades, e ao mesmo tempo entender que temos condições de superá-las, poderemos mudar totalmente nossa trajetória.

Portanto, pare de se maltratar e não deixe que os outros a maltratem. Pare de se menosprezar. Pare de comprar coisas que não tem como pagar só para impressionar pessoas de quem nem gosta. Pare de reprimir seus sentimentos em vez de refletir sobre eles. Pare de comprar o amor de seus filhos com comida, brinquedos ou camaradagem porque é mais fácil do que agir como mãe. Pare de abusar do seu corpo e da sua mente. Simplesmente pare!"

CONHEÇA OS LIVROS DE RACHEL HOLLIS

Garota, pare de mentir pra você mesma

Chega de desculpas

Para saber mais sobre os títulos e autores da Editora Sextante,
visite o nosso site e siga as nossas redes sociais.
Além de informações sobre os próximos lançamentos,
você terá acesso a conteúdos exclusivos
e poderá participar de promoções e sorteios.

sextante.com.br